AF522848

Inhaltsangabe

I. 310 programmierte Testfragen

II. Unterweisungsentwurf / Präsentation

III. Fragen nach der Unterweisung / Präsentation

I. 310 programmierte Testfragen

A. Ausbildungsvoraussetzungen prüfen und Ausbildung planen I

(Bei diesem Aufgabenblock ist eine Antwort pro Frage richtig.)

Frage 1: Sie arbeiten in einem Betrieb, der bisher nicht ausgebildet hat. Welches Argument könnte für die Aufnahme von Auszubildenden sprechen?

a) Sie können eine gelernte Fachkraft einsparen, da ab dem zweiten Lehrjahr der Auszubildende voll eingesetzt werden muss.
b) Sie bilden Fachkräfte aus, die später - auch im eigenen Betrieb - dringend gebraucht werden, und übernehmen somit Verantwortung.
c) Sie können Fördermittel für die Auszubildenden erhalten, welche die Ausbildungsvergütung übersteigen.
d) Auszubildende können auch gut zu nicht betrieblichen Zwecken eingesetzt werden.

Frage 2: In der beruflichen Ausbildung wird vom "Dualen System" gesprochen.
Was ist damit gemeint?

a) Der Ausbildungsvertrag wird von 2 Parteien (Auszubildende/r und Betrieb) unterschrieben.
b) Die IHK führt 2 verschiedene Prüfungen, die praktische und die schriftliche Prüfung, durch.
c) Die Berufsausbildung wird durch die Berufsschule und den Ausbildungsbetrieb durchgeführt.
d) Die Zusammenarbeit von Betrieb und Industrie- und Handelskammer oder Handwerkskammer wird als "Duales System" bezeichnet.

Frage 3: In der Berufsausbildung sind die Ausbildungsinhalte festgelegt. Wo können Sie diese Inhalte nachlesen?

a) Im Ausbildungsberufsbild und Ausbildungsrahmenplan
b) Im Ausbildungsberufsbild und Ausbildungsvertrag
c) In der Ausbildereignungsverordnung und dem Rahmenstoffplan
d) In dem Ausbildungsrahmenplan und den Prüfungsrichtlinien

Frage 4: Sie planen einen Ausbildungsplatz neu zu besetzen und erhalten eine Bewerbung von einem jungen Mann ohne Schulabschluss. Dürfen Sie den jungen Mann ohne Schulabschluss ausbilden?

a) Nein, für eine Ausbildung im „Dualen System“ ist ein Schulabschluss Voraussetzung.
b) Nein, da er wahrscheinlich den schulischen Teil nicht schaffen wird.
c) Nein, die Berufsschule nimmt ihn ohne Schulabschluss nicht auf.
d) Ja, für die Berufsausbildung im "Dualen System" gibt es keinen vorgeschriebenen Schulabschluss.

Frage 5: Für die Ausbildung des Konditor-Auszubildenden Cedrik Klinge wird ein betrieblicher Ausbildungsplan erstellt. Welcher Faktor ist bei der zeitlichen Einteilung zu berücksichtigen?

a) Der Urlaub von Cedrik Klinge
b) Der Urlaub des Ausbilders
c) Die Weihnachtsfeier des Betriebes
d) Eine mögliche Erkältung von Cedrik Klinge im Winter

Situation zu den Fragen 6 - 8
Sie werden vom Eigentümer des Betriebes beauftragt, einen Personalfragebogen an Bewerber / -innen für einen Ausbildungsplatz als Industriekauffrau/-mann zu verschicken.

Frage 6: Ordnen Sie zu, welche Fragen zulässig oder unzulässig sind.

1. Haben Sie einen Führerschein?	a) Zulässige Frage
2. Liegt eine Schwangerschaft vor?	b) Nicht zulässige Frage
3. Welchen Schulabschluss haben Sie?	
4. Welche Noten haben Sie in Mathematik und Physik?	
5. Sind Sie Mitglied einer Gewerkschaft?	

Frage 7: Aufgrund des Personalfragebogens kommen 8 Bewerber /-innen in die engere Auswahl. Welche Aufgabe wäre für einen weiteren Test geeignet?

a) Sie prüfen mit einem Deutschtest die Sprachkenntnisse.
b) Sie prüfen mit einem Sporttest die körperliche Belastbarkeit.
c) Sie prüfen mit verschiedenen Tests die naturwissenschaftlichen Kenntnisse.
d) Für die Ausbildung als Industriekaufmann / Industriekauffrau ist hauptsächlich technisches Verständnis erforderlich, das geprüft werden muss.

Frage 8: Aufgrund der Testaufgaben hat sich eine geeignete Bewerberin herausgestellt. Emily May ist 19 Jahre und freut sich auf ihre Ausbildung. Sie wollen mit ihr einen Ausbildungsvertrag abschließen. Welche Aussage ist richtig?

a) Der Ausbildungsvertrag kommt zustande durch die Unterschrift von Emily May und dem Vertreter des Ausbildungsbetriebes.
b) Der Ausbildungsvertrag bedarf der Unterschrift der Eltern von Emily May, da diese sie finanziell unterstützen.
c) Der Ausbildungsvertrag bedarf einer besonderen Form, da Emily May schon volljährig ist.
d) Ein mündlich geschlossener Ausbildungsvertrag zwischen Emily May und dem Ausbildungsbetrieb wäre unwirksam.

Frage 9: Wie lange darf die Probezeit im Berufsausbildungsvertrag nach dem Berufsbildungsgesetz dauern?

a) Die Probezeit beträgt 3 Monate.
b) Die Probezeit liegt zwischen 1 Monat und 6 Monaten.
c) Die Probezeit beträgt 4 Monate.
d) Die Probezeit muss zwischen 1 Monat und 4 Monaten liegen.

Frage 10: Ist eine Verlängerung der Probezeit möglich? Welche Aussage ist zutreffend?

a) Eine Verlängerung ist nicht vorgesehen, da der Auszubildende besonderen Schutz genießt.
b) Eine Verlängerung ist möglich, wenn noch nicht absehbar ist, ob der Auszubildende geeignet ist.
c) Eine Verlängerung ist möglich, wenn der Auszubildende $^{1}/_{3}$ der Ausbildungszeit ausfällt, z. B. durch Krankheit. Diese Möglichkeit muss vorher vereinbart worden sein.
d) Eine Verlängerung ist möglich, wenn beide Parteien dies möchten.

Frage 11: Sie möchten Anna Haase einen Ausbildungsplatz als Kauffrau im Einzelhandel anbieten. Sie ist am 26. April 17 Jahre alt geworden. Wie hoch ist ihr Urlaubsanspruch?

a) Mindestens 30 Werktage
b) Mindestens 25 Werktage
c) Mindestens 27 Werktage
d) Mindestens 23 Werktage

Frage 12: Ein Bewerber möchte seine Ausbildung zum Tischler verkürzen. In welchem Fall wäre das möglich?

a) Mit Abitur wäre eine Kürzung um 12 Monate möglich.
b) Mit einem guten Hauptschulabschluss ist eine Kürzung um 9 Monate anzustreben.
c) Eine Kürzung der Ausbildungszeit ist generell nicht möglich.
d) Eine Kürzung ist nur innerhalb der Ausbildung durch gute Leistungen nach § 45 Berufsbildungsgesetz möglich.

Frage 13: Für die Berufsausbildung ist eine „sachliche und zeitliche Gliederung" zu erstellen. Welches ist die Rechtsgrundlage dafür?

a) Der Rahmenlehrplan
b) Das Bürgerliche Gesetzbuch (BGB)
c) Das Tarifvertragsgesetz
d) Das Berufsbildungsgesetz

Frage 14: Sie sind neu in einem größeren Betrieb mit Betriebsrat und Jugend- und Auszubildendenvertretung und werden dort auch als Ausbilder /-in eingesetzt. Kann der Betriebsrat auf Ihre Ausbildungsmethoden Einfluss nehmen?

a) Der Betriebsrat hat ein Mitspracherecht.
b) Der Betriebsrat muss vor der Ausbildung gehört werden.
c) Der Betriebsrat kann Vorschläge unterbreiten, auf die ein/e Ausbilder/-in eingehen kann, aber nicht muss.
d) Der Betriebsrat muss Ihren Ausbildungsmethoden zustimmen.

Frage 15: Welche Regelung steht im Betriebsverfassungsgesetz?

a) Der Betriebsrat ist vor jeder Kündigung zu hören.
b) Die Vereinbarung von Vertragsstrafen im Ausbildungsverhältnis ist verboten.
c) Der Mindesturlaubsanspruch für Jugendliche
d) Pausenregelung für volljährige Auszubildende

Lösungen zu Fragenblock A

Frage 1: b

Frage 2: c

Frage 3: a

Frage 4: d

Frage 5: a

Frage 6: 1a, 2b, 3a, 4a, 5b

Frage 7: a

Frage 8: a

Frage 9: d

Frage 10: c

Frage 11: c

Frage 12: a

Frage 13: d

Frage 14: c

Frage 15: a

B. Ausbildungsvoraussetzungen prüfen und Ausbildung planen II

(Die Anzahl der richtigen Antworten ist bei den Fragen angegeben.)

Frage 1: Welche Aufgaben hat die Berufsschule im Dualen System? (2 richtige Antworten)

a) Vermittlung von beruflichen Fachwissen
b) Vermittlung von Fertigkeiten im Beruf
c) Erweiterung der allgemeinen Bildung
d) Planung der betrieblichen Ausbildung

Frage 2: Welche Aussagen zur Ausbildungsordnung sind richtig? (2 richtige Antworten)

a) Die Ausbildungsordnung regelt den Schutz der Jugend in der Berufsausbildung.
b) Die Ausbildungsordnung sichert bundeseinheitliche Ausbildungsstandards.
c) Die Ausbildungsordnung führt zu verschiedenen Ausbildungsstandards der Bundesländer.
d) In der Ausbildungsordnung ist die Ausbildungsdauer des Berufes geregelt.

Frage 3: Welche rechtliche Anforderung wird an den Ausbildenden gestellt?
(1 richtige Antwort)

a) Der Ausbildende muss persönlich geeignet sein.
b) Der Ausbildende muss das 22. Lebensjahr vollendet haben.
c) Der Ausbildende muss die Ausbildung persönlich vornehmen.
d) Der Ausbildende übernimmt die Ausbildung im theoretischen Bereich.

Frage 4: Welche Anforderungen werden an den Ausbilder gestellt? (3 richtige Antworten)

a) Der Ausbilder muss fachlich kompetent sein.
b) Er soll Erfahrung im Umgang mit jungen Menschen haben.
c) Er sollte gezielt die passenden Ausbildungsmethoden einsetzen.
d) Er muss Mitglied im Prüfungsausschuss der zuständigen Stelle sein.

Frage 5: Welche Aufgaben hat der Ausbildungsberater der zuständigen Stelle?
(2 richtige Antworten)

a) Überwachung der Berufsschule
b) Beratung von Auszubildenden
c) Bereitstellung von Informationen für Ausbildenden, z. B. Einführung neuer Berufe
d) Überwachung des Prüfungsausschusses

Frage 6: Von welcher Stelle werden die Rahmenlehrpläne der Berufsschule erlassen? (1 richtige Antwort)

a) Industrie- und Handelskammer
b) Berufsbildungsausschuss
c) Bundeswirtschaftsministerium
d) Kultusministerium des Bundeslandes

Frage 7: Ordnen Sie die Stichpunkte den jeweiligen Rechtsgrundlagen entsprechend zu.

1) Dauer der Ausbildungszeit	a) Betriebsverfassungsgesetz
2) Zusammensetzung des Prüfungsausschusses	
3) Anforderungen in der Zwischen- und Abschlussprüfung	b) Jugendarbeitsschutzgesetz
4) Mitbestimmung des Betriebsrates	c) Ausbildungsordnung
5) Regelung der Pausen bei Jugendlichen	
6) Erstuntersuchung, Nachuntersuchung bei jugendlichen Auszubildenden	d) Prüfungsordnung der zuständigen Stelle

Frage 8: Welche Aussagen zum Ausbildungsrahmenplan sind richtig? (2 richtige Antworten)

a) Der Ausbildungsrahmenplan ist Bestandteil der Ausbildungsordnung.
b) Im Ausbildungsrahmenplan werden die Lernziele für den Unterricht der Berufsschulen festgelegt.
c) Im Ausbildungsrahmenplan wird der Ablauf der Zwischen- und Abschlussprüfung geregelt.
d) Der Ausbildungsrahmenplan bildet die Grundlage für die sachliche und zeitliche Gliederung, die für einen Ausbildungsvertrag vorgeschrieben ist.

Frage 9: Welche Punkte <u>muss</u> eine Ausbildungsordnung nach § 5 BBiG mindestens beinhalten? (2 richtige Antworten)

a) Aufforderung zur Führung eines Ausbildungsausweises
b) Regelungen zum Urlaub
c) Dauer der Ausbildung
d) Prüfungsanforderungen

Frage 10: Staatlich anerkannte Ausbildungsberufe werden in einem Verzeichnis eingetragen. Von wem wird dieses Verzeichnis geführt und herausgeben? (1 richtige Antwort)

a) Deutscher Industrie- und Handelstag
b) Bundesinstitut für Berufsbildung
c) Kultusministerium der Länder
d) Bundeswirtschaftsministerium

Frage 11: In der heutigen Zeit ändern sich berufliche Anforderungen. Wer ist für die Entwicklung und Erlassung neuer und geänderter Ausbildungsordnungen zuständig? (2 richtige Antworten)

a) Für die Entwicklung ist das Bundesinstitut für Berufsbildung zuständig.
b) Für die Entwicklung ist der entsprechende Arbeitgeberverband zuständig.
c) Für die Erlassung ist das zuständige Bundesministerium zuständig.
d) Für die Erlassung sind die Kultusminister der Länder zuständig.

Frage 12: In den §§ 29 und 30 BBiG finden Sie Aussagen zur persönlichen und fachlichen Eignung. Ordnen Sie entsprechend Eignungsmerkmale zu.

1) … geeignet ist, wer die erforderlichen beruflichen Kenntnisse und Fähigkeiten besitzt.	
2) … nicht geeignet ist, wer Kinder und Jugendliche nicht beschäftigen darf.	a) Persönliche Eignung
3) … nicht geeignet ist, wer wiederholt oder schwer gegen dieses Gesetz oder die aufgrund dieses Gesetzes erlassenen Vorschriften und Bestimmungen verstoßen hat.	b) Fachliche Eignung
4) … geeignet ist, wer eine Abschlussprüfung an einer deutschen Hochschule in einer dem Ausbildungsberuf entsprechenden Fachrichtung bestanden hat.	

Frage 13: Wer ist für die Überwachung der Eignung des Ausbildungsbetriebes zuständig? (1 richtige Antwort)

a) Berufsschule
b) Kultusministerium
c) Gewerkschaft
d) Zuständige Stelle

Frage 14: Verstöße gegen Eignungsvoraussetzungen können laut § 101 des BBiG mit Geldstrafen belegt werden. Wie hoch kann diese Geldstrafe ausfallen? (1 richtige Antwort)

a) Bis zu 500 € b) Bis zu 2500 € c) Bis zu 5000 € d) Bis zu 10.000 €

Frage 15: Welche Aufgaben hat das Bundesinstitut für Berufsbildung? (2 richtige Antworten)

a) Neue Wege der Aus- und Weiterbildung zu erproben.
b) Abnahme der Ausbildereignungsprüfung.
c) Begutachtung der Qualität des beruflichen Fernlehrangebots.
d) Überwachung der zuständigen Stellen.

Lösungen zu Fragenblock B

Frage 1: a, c

Frage 2: b, d

Frage 3: a

Frage 4: a, b, c

Frage 5: b, c

Frage 6: d

Frage 7: 1c, 2d, 3c, 4a, 5b, 6b

Frage 8: a, d

Frage 9: c, d

Frage 10: b

Frage 11: a, c

Frage 12: 1b, 2a, 3a, 4b

Frage 13: d

Frage 14: c

Frage 15: a, c

C. Ausbildungsvoraussetzungen prüfen und Ausbildung planen III

(Die Anzahl der richtigen Antworten ist bei den Fragen angegeben.)

Situation zu den Aufgaben 1 - 2
Der Betriebsinhaber Jo Jonson überlegt, ob er dieses Jahr Auszubildende einstellen möchte.

Frage 1: Welche Eignung muss er als Betriebsinhaber haben? (1 richtige Antwort)

a) Die fachliche Eignung
b) Die fachliche und persönliche Eignung
c) Die persönliche Eignung
d) Die Ausbildereignung, die durch eine IHK-Prüfung nachgewiesen wird.

Frage 2: Der Betriebsinhaber Jo Jonson ist mit der Betriebsführung voll und ganz ausgelastet und möchte deshalb die Ausbildungstätigkeit an seinen erfahrenen Mitarbeiter Peter Petersen übertragen. Welche Eignung braucht Peter Petersen? (1 richtige Antwort)

a) Die fachliche und persönliche Eignung
b) Nur die fachliche Eignung
c) Nur die persönliche Eignung
d) Als Erfüllungshilfe wird die Eignung vom Betriebsinhaber auf den Mitarbeiter übertragen.

Situation zu den Fragen 3 - 4
Der Malerbetrieb Valkner GmbH hat 4 ausgelernte Maler als Gesellen beschäftigt. Peter Valkner ist Malermeister.

Frage 3: Wie viele Auszubildende sollte der Malerbetrieb nach Empfehlung des Bundesinstituts für Berufsbildung (BIBB) höchstens ausbilden? (1 richtige Antwort)

a) 1 Auszubildende
b) 2 Auszubildende
c) 3 Auszubildende
d) 4 Auszubildende

Frage 4: Der Malermeister kann nicht alle Ausbildungsinhalte selber abdecken und beschäftigt sich mit dem Thema „Verbundausbildung". Welche Aussagen dazu sind richtig?
(2 richtige Antworten)

a) Es ist eine Möglichkeit für kleinere Betriebe mit anderen Betrieben zusammen auszubilden, um somit alle Fachbereiche abzudecken.
b) Das Gehalt des Auszubildenden wird zwischen den Betrieben nach dem jeweiligen Ausbildungsanteil aufgebracht.
c) Die Gesamtverantwortung für die Ausbildung liegt beim koordinierenden Betrieb, der mit dem Auszubildenden den Vertrag abschließt.
d) Der Ausbildungsvertrag wird von dem Auszubildenden und allen Partnern der Verbundausbildung unterschrieben.

Situation zu den Fragen 5 - 6
Peter Ramon ist Geschäftsführer einer Kfz-Werkstatt mit einem angestellten Werkstattleiter (Kfz-Meister), 2 Mitarbeitern im Büro und 8 Kfz-Mechatronikern. Zusätzlich werden in der Werkstatt auch 3 Auszubildende zu Kfz-Mechatronikern ausgebildet. Jetzt ist geplant, auch im Büro Fachkräfte für Büromanagement auszubilden.

Frage 5: Frau Müller aus dem Büro hat eine Ausbildung als Bürokauffrau vor 12 Jahren abgeschlossen und arbeitet seit 8 Jahren ununterbrochen im Betrieb. Sie hat keine Ausbildereignungsprüfung abgelegt. Kann Frau Müller als Ausbilderin eingesetzt werden? (1 richtige Antwort)

a) Ja, da Frau Müller aufgrund ihres Berufsabschlusses fachlich geeignet ist.
b) Ja, da der Werkstattmeister die erforderlichen berufs- und arbeitspädagogischen Kenntnisse nachweisen kann.
c) Nein, da zu der fachlichen Eignung auch die Ausbildereignungsprüfung gehört.
d) Nein, da der Berufsabschluss von Frau Müller vor 12 Jahren war und sie mit den neuesten Entwicklungen im Beruf wahrscheinlich nicht vertraut ist.

Frage 6: Frau Müller möchte wissen, wer weisungsberechtigt gegenüber einer neuen Auszubildenden im Büro wäre. Wie ist die Antwort mit Bezug auf das Berufsbildungsgesetz? (1 richtige Antwort)

a) Der Ausbildende, die Ausbilder und andere weisungsberechtigte Personen
b) Nur der Ausbildende und die Ausbilder
c) Nur der Ausbildende und andere weisungsberechtigte Personen
d) Alle Mitarbeiter mit abgeschlossener Berufsausbildung in der Abteilung

Frage 7: Aufgrund einer Meinungsverschiedenheit mit dem Inhaber hat der Malermeister Klaus Karot gekündigt. Er war der verantwortliche Ausbilder im Betrieb mit 6 Angestellten und 2 Auszubildenden. Welche Auswirkungen hat dies auf die Ausbildung? (2 richtige Antworten)

a) Der Arbeitgeber muss einen neuen persönlich und fachlich geeigneten Mitarbeiter bestimmen.
b) Sollte im Betrieb kein persönlich und fachlich geeigneter Mitarbeiter beschäftigt sein, ist ein entsprechend qualifizierter Mitarbeiter einzustellen.
c) Die Ausbildung wird nach Ausscheiden des Ausbilders in einem anderen Betrieb fortgesetzt, der durch den Ausbildungsberater der entsprechenden Kammer ausgewählt wurde.
d) Durch die Kündigung des Ausbilders kann der Ausbildungsvertrag aufgelöst werden.

Frage 8: Bei einer Überprüfung eines Ausbildungsbetriebes werden erstmals Mängel festgestellt. Wie reagiert die zuständige Stelle darauf? (1 richtige Antwort)

a) Der zuständige Ausbildungsberater sucht einen Ersatzausbildungsplatz für den Auszubildenden.
b) Dem Betrieb wird bis auf weiteres die Einstellung neuer Auszubildenden untersagt.
c) Dem Betrieb werden die Mängel aufgezeigt und eine Frist zur Abstellung dieser Mängel gesetzt.
d) Es wird eine Anzeige zur weiteren Ermittlung durch die Staatsanwaltschaft erstattet.

Frage 9: Die 21-jährige Martina Müller fragt nach, ob auch eine Ausbildung in Teilzeit möglich wäre, da sie ihre 2-jährige Tochter allein erzieht. Welche Auskünfte können Sie geben? (2 richtige Antworten)

a) Eine Ausbildung in Teilzeit ist nicht möglich.
b) Bei einer Ausbildung in Teilzeit wird die Ausbildungsdauer grundsätzlich nicht verlängert.
c) Der Berufsschulunterricht erfolgt in Vollzeit.
d) Es können individuelle Vereinbarungen getroffen werden. Meistens liegt die wöchentliche Ausbildungszeit zwischen 20 und 35 Stunden.

Frage 10: Ordnen Sie die nachfolgenden „Bildungsbegriffe“ entsprechend zu.

1. Aufgrund einer Mehlallergie beginnt ein Bäckergeselle eine Ausbildung zur Fachkraft für Lagerlogistik.	
2. Ein Elektriker bildet sich zum Elektrikermeister weiter.	a) Berufliche Fortbildung
3. Ein Schäfer möchte einen neuen Beruf erlernen, da er in seiner jetzigen Tätigkeit keine Zukunft mehr sieht.	b) Umschulung
4. Ein Hotelfachmann legt die Ausbildereignungsprüfung ab, um demnächst auszubilden.	c) Berufsausbildung
5. Der 17-jährige Philip Vogel will nach dem Realschulabschluss Tischler lernen.	

Frage 11: Was kennzeichnet eine Maßnahme der beruflichen Fortbildung? (2 richtige Antworten)

a) Sie führt zu einer anderen beruflichen Tätigkeit.
b) Sie baut auf einer Qualifikation auf, die in einem Ausbildungsberuf erworben wurde.
c) Sie ist immer mit einer Gehaltserhöhung verbunden.
d) Durch Fortbildung erreichte Qualifikationen werden meist durch Prüfungen nachgewiesen.

Frage 12: Ordnen Sie die folgenden berufsbildenden Schulen der Beschreibung entsprechend zu. Aufgrund der Zuständigkeit der Bundesländer kann es hier zu Abweichungen kommen.

1. Einjähriger schulischer Ausbildungsgang. Die Teilnehmer werden auf die Anforderungen einer Berufsausbildung vorbereitet.	a) Berufsgrundbildungsjahr
2. Ausbildungsgang in verschiedenen Berufsfeldern (z. B. Wirtschaft, Gesundheit). Der erfolgreiche Besuch kann zu einer Verkürzung der Ausbildungszeit führen.	b) Berufsschule
3. 1 bis 3-jährige Bildungsgänge. Es werden Teile der Berufsausbildung (z. B. berufliche Grundbildung) vermittelt, aber auch Bildungsgänge mit Berufsabschluss angeboten.	c) Berufsvorbereitungsjahr
4. Der Abschluss berechtigt zur Aufnahme eines Studiums an einer Fachhochschule.	d) Berufsfachschule
5. Lernort für den theoretischen Teil während der Ausbildung.	e) Fachoberschule

Frage 13: Welche Kennzeichen treffen für einen „Monoberuf" zu? (2 richtige Antworten)

a) Es gibt eine Spezialisierung nach Fachrichtungen.
b) Es erfolgt eine Spezialisierung nach Schwerpunkten.
c) Es erfolgt eine einheitliche Abschlussprüfung.
d) Die Ausbildung ist für alle in allen Ausbildungsjahren gleich.

Frage 14: Was ist die Besonderheit an „Dualen Studiengängen"? (2 richtige Antworten)

a) Beim Dualen Studium werden zwei Studiengänge gleichzeitig belegt.
b) Ein duales Studium hat meist einen hohen Praxisbezug.
c) Es werden die Lernorte (Hochschule / Akademie und Betrieb) verbunden.
d) Nach Abschuss des dualen Studienganges werden nur sehr wenige Studenten vom Betrieb übernommen.

Frage 15: Bei einem Ausbildungsberuf erfolgt nach 2-jähriger Ausbildung eine Abschlussprüfung. Darauf aufbauend kann nach einem Jahr ein weiterer Berufsabschluss erworben werden. Wie nennt sich diese Ausbildung? (1 richtige Antwort)

a) Beruf mit Spezialisierung nach Schwerpunkten
b) Monoberuf
c) Stufenausbildung
d) Ausbildung mit Spezialisierung nach Fachrichtung

Lösungen zu Fragenblock C

Frage 1: c

Frage 2: a

Frage 3: b

Frage 4: a, c

Frage 5: c

Frage 6: a

Frage 7: a, b

Frage 8: c

Frage 9: c, d

Frage 10: 1b, 2a, 3b, 4a, 5c

Frage 11: b, d

Frage 12: 1c, 2a, 3d, 4e, 5b

Frage 13: c, d

Frage 14: b, c

Frage 15: c

D. Ausbildungsvoraussetzungen prüfen und Ausbildung planen IV

(Die Anzahl der richtigen Antworten ist bei den Fragen angegeben.)

Situation zu den Fragen 1 - 3
Leon Gora hat einen Ausbildungsvertrag beim Hotel Moselblick als Koch unterschrieben. Er ist am 20.05. 18 Jahre alt geworden. Ausbildungsbeginn ist der 1. September.

Frage 1: Wie hoch ist der Urlaubsanspruch von Leon für die Zeit vom 1. September bis Jahresende? Es gelten die gesetzlichen Regelungen für den Urlaub. (1 richtige Antwort)

a) Der Urlaubsanspruch beträgt laut Jugendarbeitsschutzgesetz mindestens 27 Werktage, wenn der Jugendliche zu Beginn des Kalenderjahres noch nicht 17 Jahre alt ist. Er hat somit Anspruch auf 4/12 von 27 Werktagen = 9 Werktage.
b) Der Urlaubsanspruch beträgt laut Jugendarbeitsschutzgesetz mindestens 25 Werktage, wenn der Jugendliche zu Beginn des Kalenderjahres noch nicht 18 Jahre alt ist. Er hat somit Anspruch auf 4/12 von 25 Werktagen = 8,33 Werktage.
c) Da Leon Gora bei Ausbildungsantritt schon 18 Jahre alt ist, richtet sich sein Urlaub nach dem Bundesurlaubsgesetz. Er hat somit Anspruch auf 4/12 von 24 Werktagen = 8 Werktage.
d) Leon hat in den ersten 4 Monaten der Ausbildung keinen Urlaubsanspruch.

Frage 2: Leon hat als Nachrücker einen Platz an einer weiterführenden Schule bekommen. Er kündigt 10 Tage vor Beginn der Ausbildung. Wie ist die Rechtslage? (1 richtige Antwort)

a) Eine Kündigung vor Beginn der Ausbildung am 1. September ist nicht möglich.
b) Die Kündigung bedarf der Zustimmung des Ausbildungsberaters der zuständigen Stelle, in diesem Fall der IHK.
c) Die Kündigung wird nur mit Zustimmung des Ausbildungsbetriebs wirksam.
d) Die Kündigung ist gültig und sollte durch den Betrieb akzeptiert werden. Es besteht so die Möglichkeit, noch einen neuen Auszubildenden zu finden.

Frage 3: Es gelingt dem Hotel Moselblick durch 2 Zeitungsanzeigen und einen Radiospot einen neuen Auszubildenden, Samuel Kammer, zu finden. Jedoch kündigt auch Samuel 6 Wochen nach Beginn der Ausbildung während der Probezeit ohne Angabe von Gründen. Der Hotelinhaber Klaus Hartwig will die Kündigung so nicht hinnehmen, da die Neubesetzung mit erheblichen Kosten verbunden war. Er fordert einen teilweisen Ersatz der Kosten von Samuel Kammer. Welche Aussage ist zutreffend? (1 richtige Antwort)

a) Samuel Kammer muss einen Teil der Kosten übernehmen.
b) Die Kündigung ist nicht wirksam, da Samuel Kammer keinen Kündigungsgrund genannt hat.
c) Während der Probezeit kann das Berufsausbildungsverhältnis jederzeit ohne Einhalten einer Kündigungsfrist und ohne Grund gekündigt werden. Es besteht somit keine Rechtsgrundlage für einen Anspruch auf Schadensersatz an Samuel Kammer.
d) Die Kosten für die Ausschreibung des Ausbildungsplatzes sind von Leon Gora zu tragen, da er seinen Ausbildungsvertrag vor Beginn der Ausbildung gekündigt hat.

Situation zu den Fragen 4 - 8
Wolfgang Manger ist für die Berechnung der Urlaubsansprüche und die Urlaubsplanung der Maxi Maschinenbau GmbH & Co. KG zuständig.

Frage 4: Welche Grundsätze sind bei der Planung des Urlaubes von Auszubildenden zu beachten? (2 richtige Antworten)

a) Werktage sind alle Tage außer Sonn- und gesetzliche Feiertage, also auch Samstage.
b) Es ist nicht erlaubt, Auszubildenden mehr Urlaubstage zu gewähren, als gesetzlich festgelegt sind.
c) Im Berufsausbildungsvertrag muss die konkrete Dauer des Urlaubs für die verschiedenen Kalenderjahre niedergelegt werden.
d) Die Festlegung des Urlaubszeitpunkts ist Sache des Auszubildenden.

Frage 5: Welche Rolle spielt die Berufsschule bei der Festlegung des Urlaubszeitpunktes? (3 richtige Antworten)

a) Berufsschülern sollte der Urlaub in der Zeit der Berufsschulferien gegeben werden.
b) Sofern der Urlaub nicht in den Ferien gegeben werden kann, sind Auszubildende weiterhin berufsschulpflichtig.
c) Sofern der Urlaub nicht in den Ferien gegeben werden kann, sind Auszubildende während ihres Urlaubs nicht berufsschulpflichtig. Es steht die Erholung im Vordergrund.
d) Für Berufsschultage im Urlaub dürfen Auszubildenden keine Urlaubstage angerechnet werden.

Frage 6: Der Urlaub ist zusammenhängend zu gewähren. Dieses kann manchmal nicht möglich sein. Aus wie vielen aufeinanderfolgenden Werktagen muss ein Urlaubsteil dann mindestens bestehen? (1 richtige Antwort)

a) 10
b) 12
c) 14
d) 18

Frage 7: Die 20-jährige Jette Hübner beendet ihre Ausbildung als Kauffrau für Büromanagement am 1. August. Wie hoch ist der Urlaubsanspruch für das letzte Kalenderjahr ihrer Ausbildung? Es gelten die gesetzlichen Regelungen. (1 richtige Antwort)

a) Es stehen Jette 7/12 von 24 Werktagen zu. Das ergibt 14 Werktage.
b) Es stehen Jette 8/12 von 24 Werktagen zu. Das ergibt 16 Werktage.
c) Jette Hübner hat den Anspruch auf den vollen gesetzlichen Mindesturlaub von 24 Werktagen. Die Regelung auf Teilurlaub greift nur in der ersten Jahreshälfte.
d) Es stehen Jette 7/12 von 30 Werktagen nach dem Jugendarbeitsschutzgesetz zu. Das ergibt 17,5 Werktage = 18 Werktage.

Frage 8: Der 21-jährige Auszubildende Tobias Grummer erhält wegen einer Tätlichkeit gegenüber einem Ausbilder eine fristlose Kündigung am 13. April. Hat Tobias Grummer Anspruch auf Urlaub? (1 richtige Antwort)

a) Nein, da Tobias Grummer durch die Tätlichkeit gegenüber dem Ausbilder die Kündigung selbst verschuldet hat.
b) Ja, er hat Anspruch auf Urlaub. Der Urlaub beträgt 4/12 von 24 Werktagen = 8 Werktage. Der Urlaubsanspruch verzögert die fristlose Kündigung entsprechend.
c) Ja, er hat Anspruch auf Urlaub. Der Urlaub beträgt 4/12 von 24 Werktagen = 8 Werktage. Da Tobias den Urlaub nicht mehr erhalten kann, ist der Urlaub abzugelten.
d) Ja, er hat Anspruch auf Urlaub. Der Urlaub beträgt 3/12 von 24 Werktagen = 6 Werktage. Da Tobias den Urlaub nicht mehr erhalten kann, ist der Urlaub abzugelten.

Situation zu den Fragen 9 - 11
Sina Pratscher macht eine Ausbildung als Tischlerin. Sie wendet sich an ihren Ausbilder. Ihre Mutter ist leider seit kurzem pflegebedürftig und die entsprechende Versorgung nimmt immer mehr Zeit in Anspruch.

Frage 9: Sina möchte wissen, ob eine Umstellung der Ausbildung auf Teilzeit möglich ist. (1 richtige Antwort)

a) Eine Ausbildung in Teilzeit ist nur vor Beginn der Ausbildung möglich und muss entsprechend vor Beginn der Ausbildung im Ausbildungsvertrag vereinbart werden.
b) Eine Ausbildung in Teilzeit ist nur in kaufmännischen Berufen möglich.
c) Eine Umstellung der Ausbildung ist möglich. Es erfordert jedoch die Zustimmung des Ausbildenden und der zuständigen Stellen (HWK / IHK).
d) Eine Umstellung der Ausbildung ist möglich. Es erfordert jedoch die Zustimmung der Berufsschule und der zuständigen Stelle (HWK / IHK).

Frage 10: Es wird vereinbart, dass Sina weiterhin an 5 Tagen arbeitet, jedoch nur 5 Stunden täglich. Wie wirkt sich das auf den Urlaubsanspruch aus? (1 richtige Antwort)

a) Die Ausbildung findet weiterhin an 5 Werktagen statt. Somit bleibt der Urlaubsanspruch gleich.
b) Die Wochenarbeitszeit wird verringert. Somit verringert sich der Urlaubsanspruch im gleichen Verhältnis.
c) Der Urlaub ist neu zwischen Arbeitgeber und Arbeitnehmer zu verhandeln.
d) Der Urlaub wird durch die zuständige Stelle (HWK / IHK) neu festgelegt.

Frage 11: Darf der Betrieb die Ausbildungsvergütung aufgrund der verringerten Arbeitszeit während der Ausbildung verringern? Beziehen Sie sich auf das Berufsbildungsgesetz. (2 richtige Antworten)

a) Der Betrieb darf die Ausbildungsvergütung nicht verringern.
b) Bei einer Teilzeitberufsausbildung kann eine nach dem Berufsbildungsgesetz zu gewährende Vergütung unterschritten werden.
c) Die Angemessenheit der Vergütung ist jedoch ausgeschlossen, wenn die prozentuale Kürzung der Vergütung höher ist als die prozentuale Kürzung der täglichen oder der wöchentlichen Arbeitszeit.
d) Das Gehalt wird nach einer Empfehlung der zuständigen Stelle (HWK / IHK) neu festgelegt.

Situation zu den Fragen 12 - 15

> **Auszug aus dem Gesetz zum Schutze der arbeitenden Jugend (Jugendarbeitsschutzgesetz - JArbSchG)**
>
> § 11 Ruhepausen, Aufenthaltsräume
>
> (1) Jugendlichen müssen im Voraus feststehende Ruhepausen von angemessener Dauer gewährt werden. Die Ruhepausen müssen mindestens betragen
>
> 1. 30 Minuten bei einer Arbeitszeit von mehr als viereinhalb bis zu sechs Stunden,
> 2. 60 Minuten bei einer Arbeitszeit von mehr als sechs Stunden.
>
> Als Ruhepause gilt nur eine Arbeitsunterbrechung von mindestens 15 Minuten.
>
> (2) Die Ruhepausen müssen in angemessener zeitlicher Lage gewährt werden, frühestens eine Stunde nach Beginn und spätestens eine Stunde vor Ende der Arbeitszeit. Länger als viereinhalb Stunden hintereinander dürfen Jugendliche nicht ohne Ruhepause beschäftigt werden.
>
> (3) Der Aufenthalt während der Ruhepausen in Arbeitsräumen darf den Jugendlichen nur gestattet werden, wenn die Arbeit in diesen Räumen während dieser Zeit eingestellt ist und auch sonst die notwendige Erholung nicht beeinträchtigt wird.

Max Fiedler ist 17 Jahre und macht eine Ausbildung zum Kaufmann im Einzelhandel im Kaufhaus Mutig.

Frage 12: Am Freitag muss Max 7,5 Stunden arbeiten. Am Samstag beträgt seine Arbeitszeit 6 Stunden. Wie hoch ist sein Pausenanspruch für die beiden Tage? (2 richtige Antworten)

a) Sein Pausenanspruch beträgt 90 Minuten, die gleichmäßig auf beide Tage verteilt werden.
b) Der Pausenanspruch für den Freitag beträgt 60 Minuten.
c) Der Pausenanspruch für den Samstag beträgt 60 Minuten.
d) Der Pausenanspruch für den Samstag beträgt 30 Minuten.

Frage 13: Jennifer Lopa lernt genauso wie Max Fiedler Kauffrau im Einzelhandel im Kaufhaus Mutig. Sie ist ein Ausbildungsjahr weiter und 18 Jahre alt. Sie ist zusammen mit Max eingeteilt. Welche Aussagen zum Pausenanspruch von Jennifer sind richtig? (2 richtige Antworten)

a) Es ist zu prüfen, ob Jennifer bei Ausbildungsbeginn unter 18 Jahre alt war. Wenn ja, gilt nach wie vor das Jugendarbeitsschutzgesetz. Sie hätte somit die gleiche Pausenregelung wie Max.
b) Max und Jennifer sind zusammen eingeteilt. Somit müssen für die beiden auch die gleichen Pausenregelungen gelten.
c) Die Rechtsgrundlage für die Regelung der Pausen für volljährige Auszubildende ist das Arbeitszeitgesetz.
d) Der Pausenanspruch von Jennifer beträgt für Freitag 30 Minuten. Am Samstag hat sie keinen Pausenanspruch, da sie nicht mehr als 6 Stunden arbeitet.

Frage 14: Der Ausbilder legt die Pause von Max am Freitag an das Ende der Arbeitszeit, sodass er früher gehen kann. Nehmen Sie dazu Stellung. (1 richtige Antwort)

a) Wenn die betrieblichen Erfordernisse es nötig machen, darf die Pause an das Ende der Arbeitszeit gelegt werden.
b) Die Verlegung ist möglich, wenn sowohl der Ausbilder als auch der Auszubildende zustimmen.
c) Die Pause muss spätestens eine Stunde vor Ende der Arbeitszeit genommen werden. Sie darf somit nicht an das Ende der Arbeitszeit gelegt werden.
d) Für die Verlegung an das Ende der Arbeitszeit ist die Zustimmung des Betriebsrates Voraussetzung.

Frage 15: Max soll die Pause im Büro machen, während die Arbeitskollegen neben ihm weiterarbeiten. Ist das erlaubt? (1 richtige Antwort)

a) Nein, das ist nicht erlaubt. Entweder muss Max den Arbeitsraum verlassen oder die Kollegen müssen während seiner Pause die Arbeit einstellen.
b) Ja, allerdings ist die Zustimmung der Jugend und Auszubildendenvertretung einzuholen.
c) Ja, wenn der Betriebsrat zustimmt.
d) Ja, wo Max seine Pause verbringt, darf er bestimmen.

Lösungen zu Fragenblock D

Frage 1: b

Frage 2: d

Frage 3: c

Frage 4: a, c

Frage 5: a, b, d

Frage 6: b

Frage 7: c

Frage 8: d

Frage 9: c

Frage 10: a

Frage 11: b, c

Frage 12: b, d

Frage 13: c, d

Frage 14: c

Frage 15: a

E. Ausbildung vorbereiten und bei der Einstellung von Auszubildenden mitwirken I (Bei diesem Aufgabenblock ist eine Antwort pro Frage richtig.)

Frage 1: Welche Regelung im Ausbildungsvertrag wäre <u>nicht</u> mit geltendem Recht zu vereinbaren und ist somit nichtig?

a) Eine Festlegung von Vertragsstrafen bei Verletzung des Ausbildungsvertrages
b) Die Angabe der Urlaubstage
c) Die Dauer der Probezeit
d) Die Höhe der Ausbildungsvergütung

Frage 2: Die Dauer der Ausbildung kann für verschiedene Berufe unterschiedlich sein. Nach welcher Rechtsgrundlage richtet sich die Dauer der Ausbildung?

a) Betriebsverfassungsgesetz
b) Ausbildereignungsverordnung
c) Ausbildungsordnung
d) Handelsgesetzbuch

Frage 3: Wo finden Sie Regelungen zur Arbeitszeit?

a) Im Handelsgesetzbuch
b) Im Tarifvertrag
c) In der Landesverfassung
d) Im Bürgerlichen Gesetzbuch

Frage 4: Zurzeit werden Ihre Auszubildenden in verschiedenen Werkstätten direkt in der Produktion ausgebildet. Welchen Vorteil hat das?

a) Es sind keine Ausbilder erforderlich, da die Auszubildenden "nebenbei" ausgebildet werden können.
b) Die Produktion kann auf die Ausbildungsinhalte abgestimmt werden.
c) Die Produktion kann bei Fragen der Auszubildenden jederzeit unterbrochen werden.
d) Die Ausbildung direkt am Arbeitsplatz hat einen hohen Praxisbezug.

Frage 5: Sie überlegen, die Auszubildenden nicht in einzelnen Werkstätten auszubilden, sondern einen zentralen Lernort zu schaffen. Nennen Sie den Vorteil.

a) Der Praxisbezug wird erhöht, da in einer Lehrwerkstatt ausgebildet wird.
b) Es ist kein Ausbilder notwendig. Die Auszubildenden im dritten Lehrjahr unterrichten die "Anfänger".
c) Gerade zu Beginn der Ausbildung können die Auszubildenden Grundfertigkeiten ohne Zeitdruck erlernen.
d) Die Ausbildungszeit kann verkürzt werden, da intensiver auf die Prüfung hingearbeitet werden kann.

Frage 6: Leonie Meier, Auszubildende im Hotelgewerbe, soll in einem Hotel "garni" (Hotel nur mit Frühstück) zur Hotelfachfrau ausgebildet werden. Zum Berufsbild gehört auch die "Arbeit im Restaurant". Dieser Bereich kann somit nicht vollständig vermittelt werden. Welche Aussage ist richtig?

a) Der Ausbildungsbestandteil "Arbeit im Restaurant" kann auch in einem Partnerrestaurant durchgeführt werden.
b) Eine Ausbildung zur Hotelfachfrau ist in dem Hotel "garni" nicht möglich.
c) Auf den Ausbildungsteil "Arbeit im Restaurant" kann verzichtet werden, wenn die Auszubildende dies rechtzeitig vor Beginn der Ausbildung erfährt.
d) Der Schwerpunkt der Ausbildung liegt im Empfangsbereich. Es kann somit auf diesen Teil verzichtet werden.

Situation zu den Fragen 7 - 8
Sonny Sunshine ist 17 Jahre alt und beginnt eine Ausbildung als Friseurin.

Frage 7: Wie lange darf Sonny ohne Pause arbeiten?

a) Spätestens nach 3,5 Stunden Arbeitszeit muss eine Pause gewährt werden.
b) Spätestens nach 4,5 Stunden Arbeitszeit muss eine Pause gewährt werden.
c) Spätestens nach 3 Stunden Arbeitszeit muss eine Pause gewährt werden.
d) Spätestens nach 4 Stunden Arbeitszeit muss eine Pause gewährt werden.

Frage 8: Sie hat eine tägliche Arbeitszeit von 8 Stunden. Wie hoch ist der Pausenanspruch und wie lang muss die Pause mindestens sein?

a) Sonny hat Anspruch auf 60 Minuten Pause. Eine Pause muss mindestens 10 Min. lang sein.
b) Sonny hat Anspruch auf 45 Minuten Pause. Eine Pause muss mindestens 15 Min. lang sein.
c) Sonny hat Anspruch auf 90 Minuten Pause. Eine Pause muss mindestens 10 Min. lang sein.
d) Sonny hat Anspruch auf 60 Minuten Pause. Eine Pause muss mindestens 15 Min. lang sein.

Situation zu den Fragen 9 - 10
Hanna Haase (16 Jahre) macht eine Ausbildung als Hotelfachfrau. Im Hotelgewerbe wird auch im Schichtdienst gearbeitet.

Frage 9: Ist es erlaubt, dass Hanna nach einem Spätdienst am nächsten Tag einen Frühdienst antreten muss?

a) Nein, nach einem Spätdienst dürfen Auszubildende keinen Frühdienst machen.
b) Nein, bei einem Wechsel von Spätdienst auf Frühdienst muss ein freier Tag eingebunden werden.
c) Ja, es müssen aber 12 Stunden Freizeit zwischen den Schichten gewährt werden.
d) Ja, es müssen aber 15 Stunden Freizeit zwischen den Schichten gewährt werden.

Frage 10: Sie hat 1 x die Woche Berufsschule. Wie wird diese Zeit auf die Arbeitszeit angerechnet?

a) Ein Berufsschultag mit mehr als 5 Stunden wird mit 8 Std. auf die Arbeitszeit angerechnet.
b) Ein Berufsschultag mit mehr als 4 Stunden wird mit 7 Std. auf die Arbeitszeit angerechnet.
c) Ein Berufsschultag mit mehr als 6 Stunden wird mit 8 Std. auf die Arbeitszeit angerechnet.
d) Ein Berufsschultag mit mehr als 4 Stunden wird mit 6 Std. auf die Arbeitszeit angerechnet.

Frage 11: Wer wählt die Jugend- und Auszubildendenvertretung?

a) Nur die Mitarbeiter des Betriebes unter 18 Jahre
b) Alle Auszubildenden (unabhängig vom Alter) und die Arbeitnehmer unter 18 Jahre
c) Alle Mitarbeiter des Betriebes unter 25 Jahre
d) Nur die Auszubildenden unter 21 Jahre

Frage 12: In welchem Abstand wird die Vertretung der Jugendlichen und Auszubildenden gewählt?

a) Nach Bedarf
b) Alle 4 Jahre
c) Alle 3 Jahre
d) Alle 2 Jahre

Frage 13: Welcher Plan ordnet die Vorgaben des Ausbildungsrahmenplans den betrieblichen Lernorten zu?

a) Dienstplan
b) Rahmenlehrplan
c) Betrieblicher Ausbildungsplan
d) Arbeitsablaufplan

Frage 14: Welche Aussage zum betrieblichen Ausbildungsplan ist nicht richtig?

a) Bei der sachlichen Gliederung müssen die Anforderungen zur Zwischenprüfung berücksichtigt werden.
b) Der Rahmenlehrplan der Berufsschule braucht nicht berücksichtigt zu werden.
c) Die betriebliche Ausbildung muss mit außerbetrieblichen Ausbildungsgängen abgestimmt werden.
d) Alle Fertigkeiten und Kenntnisse aus dem Ausbildungsrahmenplan müssen übernommen werden.

Frage 15: Die Ausbildungsplanung soll sich von „didaktischen Strategien“ leiten lassen. Was ist damit gemeint?

a) Der Auszubildende soll sich alles selber erarbeiten.
b) Der Auszubildende sollte Fragen nur in der Berufsschule stellen.
c) Das Führen des Berichtsheftes sollte außerhalb der Arbeitszeit erfolgen.
d) Es sollten bestimmte Prinzipien angewandt werden, z. B. „Vom Einfachen zum Schweren, vom Allgemeinen zum Speziellen“.

Lösungen zu Fragenblock E

Frage 1: a

Frage 2: c

Frage 3: b

Frage 4: d

Frage 5: c

Frage 6: a

Frage 7: b

Frage 8: d

Frage 9: c

Frage 10: a

Frage 11: b

Frage 12: d

Frage 13: c

Frage 14: b

Frage 15: d

F. Ausbildung vorbereiten und bei der Einstellung von Auszubildenden mitwirken II (Die Anzahl der richtigen Antworten ist bei den Fragen angegeben.)

Frage 1: Welche Aussagen zum betrieblichen Ausbildungsplan sind richtig? (2 richtige Antworten)

a) Der betriebliche Ausbildungsplan ist Bestandteil des Ausbildungsvertrages.
b) Nicht vermittelte Fertigkeiten sind der Berufsschule zu melden.
c) Um die Lernziele zu erreichen, sind geeignete Ausbildungsformen zu ergreifen.
d) Größere Ausbildungsabschnitte sollen nicht in kleinere Abschnitte zerteilt werden.

Frage 2: Ein Produktionsbereich wird ins Ausland verlagert. Bestimmte vorgeschriebene Ausbildungsinhalte können somit nicht mehr vermittelt werden. Was bedeutet das für die Ausbildung? (1 richtige Antwort)

a) Der Ausbildungsvertrag muss entsprechend geändert werden.
b) Die Vermittlung der vorgeschriebenen Ausbildungsinhalte, die durch die Verlagerung weggefallen sind, können in einem Kooperationsbetrieb oder in einer außerbetrieblichen Maßnahme erfolgen.
c) Die nicht vermittelten Inhalte sind bei der Prüfungsanmeldung zu vermerken.
d) Der Ausbildungsvertrag kann außerordentlich gekündigt werden.

Frage 3: Bei der Auswahl neuer Auszubildenden kann nach Schlüsselqualifikationen und fachlicher Qualifikationen unterschieden werden. Ordnen Sie entsprechend zu.

1) Zuverlässigkeit	
2) Rechtschreibung	a) Schlüsselqualifikation
3) Verantwortungsbewusstsein	
4) Note in Physik	b) Fachliche Qualifikation
5) Logisches Denken	

Frage 4: Die Firma KFZ-Müller sucht 2 neue Auszubildende als KFZ-Mechatroniker. In welchem Schulfach wäre eine gute Note wünschenswert? (1 richtige Antwort)

a) Deutsch b) Geschichte c) Englisch d) Physik

Frage 5: Florian Käfer bewirbt sich für die Ausbildung als Tischler. Welche Bedeutung hat das Schulzeugnis bei der Bewertung der Eignung für den Ausbildungsplatz? (1 richtige Antwort)

a) Es hat keine Bedeutung, da er keine kaufmännische Ausbildung anstrebt.
b) Florian Käfer sollte mindestens einen Realschulabschluss vorweisen können.
c) Die schulischen Vorkenntnisse sollten ausreichen, um das Ausbildungsziel erreichen zu können.
d) Florian Käfer sollte mindestens einen guten Hauptschulabschluss vorweisen können.

Frage 6: Welche Unterlagen gehören zu einer ordentlichen Bewerbung?
(3 richtige Antworten)

a) Lebenslauf
b) Letzte Schulzeugnisse
c) Kopie des Personalausweises
d) Bewerbungsanschreiben

Frage 7: Welche Punkte sollten in einem Bewerbungsgespräch beachtet werden?
(2 richtige Antworten)

a) Es sollte bei weiblichen Bewerbern nach einer Schwangerschaft gefragt werden, da dies eine ordnungsgemäße Ausbildung verhindert.
b) Es sollten die Vermögensverhältnisse des Bewerbers erörtert werden.
c) Das Gespräch sollte mit einem Thema eröffnet werden, das eine mögliche Befangenheit / Angst des Bewerbers abbaut.
d) Wesentliche Ergebnisse des Gesprächs sollten notiert werden.

Frage 8: Welche Maßnahmen im Bereich „Ausbildungsmarketing" können als erfolgsversprechend angesehen werden? (2 richtige Antworten)

a) Lokale Kinowerbung
b) Stellenanzeige in einer großen, überregionalen Wirtschaftszeitung schalten.
c) Teilnahme am „Girls Day", um vor allem Mädchen über technische Berufe zu informieren.
d) Plakataktion in Baumärkten.

Frage 9: Das Hotel „Schöne Aussicht" in Neustadt möchte der 20-jährigen Abiturientin Silvia Miwitz einen Ausbildungsplatz anbieten. Silvia Miwitz hat ein gutes Zeugnis und möchte die Ausbildung verkürzen. Welche Aussagen sind richtig? (2 richtige Antworten)

a) Der Abschluss des Gymnasiums wird generell mit 8 Monaten angerechnet.
b) Die Ausbildungsdauer kann verkürzt werden.
c) Die zuständige Stelle, in diesem Fall die IHK, entscheidet über den Antrag.
d) Die Zustimmung der Berufsschule muss eingeholt werden.

Frage 10: Welches sind Gründe, die nach § 8 BBiG zu einer Verkürzung der Ausbildung bei Vertragsabschluss führen können? (2 richtige Antworten)

a) Nachweis einer einschlägigen beruflichen Grundbildung im Berufsfeld.
b) Empfehlung des Klassenlehrers einer allgemeinbildenden Schule.
c) Notwendigkeiten im Ausbildungsbetrieb, z. B. baldige Verlagerung eines Betriebsteils.
d) Bei Fortsetzung der Berufsausbildung in demselben Beruf kann die zurückgelegte Ausbildungszeit ganz oder teilweise für eine Kürzung berücksichtigt werden.

Frage 11: Eine 3-jährige Ausbildung soll, auch wenn mehrere Verkürzungsgründe vorliegen, folgende Zeit nicht unterschreiten. (1 richtige Antwort)

a) 12 Monate b) 20 Monate c) 18 Monate d) 24 Monate

Frage 12: Michael Müller hat die Realschule mit gutem Zeugnis abgeschlossen. Danach hat er 18 Monate ein Gymnasium besucht, allerdings ohne Abschluss. Er fragt, ob es eine Möglichkeit gibt, die Ausbildung zu verkürzen. (1 richtige Antwort)

a) Die Ausbildung kann nicht verkürzt werden, da kein Abitur vorliegt.
b) Eine Verkürzung ist aufgrund des Schulabschlusses (Mittlere Reife) um 6 Monate möglich.
c) Eine Verkürzung ist aufgrund des Schulabschlusses (Mittlere Reife) um 12 Monate möglich.
d) Eine Verkürzung ist nach einem vorherigen Test der Berufsschule um 6 Monate möglich.

Frage 13: Welche Pflichten hat der Ausbildende nach Abschluss des Berufsausbildungsvertrages unverzüglich zu erledigen? (2 richtige Antworten)

a) Er muss den wesentlichen Inhalt des Vertrages niederlegen.
b) Er muss dem Auszubildenden den verantwortlichen Ausbilder benennen.
c) Er muss dem Auszubildenden oder dessen gesetzlichen Vertreter eine Abschrift des Vertrages aushändigen.
d) Er muss dem Auszubildenden unverzüglich die notwendigen Berichtshefte zuschicken.

Frage 14: Wer muss die Eintragung des Berufsausbildungsverhältnisses bei der zuständigen Stelle beantragen und wann hat das zu geschehen? (1 richtige Antwort)

a) Der Auszubildende oder sein gesetzlicher Vertreter wird von der zuständigen Stelle zur Eintragung aufgefordert.
b) Die Berufsschule stellt den Antrag nach Überprüfung des Ausbildungsvertrages.
c) Der Ausbildende muss den Antrag 4 Wochen nach Abschluss des Ausbildungsvertrages stellen.
d) Der Ausbildende muss den Antrag unverzüglich nach Abschluss des Ausbildungsvertrages stellen.

Frage 15: Welche Aussagen zur „Ärztlichen Mitteilung“ für jugendliche Auszubildende sind richtig? (2 richtige Antwort)

a) Die gesetzliche Grundlage ist das Betriebsverfassungsgesetz.
b) Die Erstuntersuchung muss innerhalb der letzten 14 Monate vor Eintritt in das Berufsleben erfolgt sein.
c) Die Erstuntersuchung muss innerhalb der letzten 6 Monate vor Eintritt in das Berufsleben erfolgt sein.
d) Die gesetzliche Grundlage ist das Jugendarbeitsschutzgesetz.

Lösungen zu Fragenblock F

Frage 1: a, c

Frage 2: b

Frage 3: 1a, 2b, 3a, 4b, 5a

Frage 4: d

Frage 5: c

Frage 6: a, b, d

Frage 7: c, d

Frage 8: a, c

Frage 9: b, c

Frage 10: a, d

Frage 11: c

Frage 12: b

Frage 13: a, c

Frage 14: d

Frage 15: b, d

G. Ausbildung vorbereiten und bei der Einstellung von Auszubildenden mitwirken III (Die Anzahl der richtigen Antworten ist bei den Fragen angegeben.)

Frage 1: Gibt es innerhalb der EU ein einheitliches Ausbildungssystem in der beruflichen Erstausbildung? (1 richtige Antwort)

a) Die berufliche Ausbildung ist innerhalb der EU gleich.
b) In den „alten" EU-Ländern ist die berufliche Erstausbildung gleich.
c) Die berufliche Ausbildung ist innerhalb der EU unterschiedlich.
d) In den nächsten Jahren wird in der EU die berufliche Erstausbildung auf den deutschen Stand angepasst.

Frage 2: Die 14-jährige Schülerin Jette Müller macht in Ihrem Einzelhandelsbetrieb ein Praktikum als Verkäuferin. Die Arbeit gefällt ihr sehr gut, sodass sie mit ihrer Ausbildung gleich nach dem Praktikum beginnen möchte. Welche Aussage ist richtig? (1 richtige Antwort)

a) Jette Müller kann sofort mit der Ausbildung beginnen.
b) Zuerst muss Jette Müller die in Deutschland geltende Vollzeitschulpflicht von mindestens 9 Jahren erfüllen. Danach kann - mit Zustimmung der Eltern - ein Ausbildungsvertrag geschlossen werden.
c) Zuerst muss die in Deutschland geltende Vollzeitschulpflicht von 10 Jahren erfüllt werden. Danach kann Jette Müller, wenn sie 15 Jahre alt ist, selbständig einen Ausbildungsvertrag abschließen.
d) Jette Müller kann nach Rücksprache mit dem Schulleiter und bei guten schulischen Leistungen sofort mit der Ausbildung beginnen.

Situation zu den Fragen 3 - 4
Karl Kranich ist sich am 16.04. mit dem Azubi Niclas Willert und den Eltern einig geworden, dass Niclas seine Ausbildung zum 01.09. beginnen wird. Der Ausbildungsvertrag wird am 16.05. unterschrieben von Niclas Willert und seinen Eltern zurückgeschickt.

Frage 3: Wann ist der Vertrag rechtlich abgeschlossen worden? (1 richtige Antwort)

a) Am 16.04.
b) Am 01.09.
c) Am 16.05.
d) Mit der Eintragung in das Verzeichnis der Ausbildungsverträge bei der IHK.

Frage 4: Welche im Ausbildungsvertrag verwandten Formulierungen sind zulässig? (2 richtige Antworten)

a) Die Probezeit dauert 5 Monate.
b) Die regelmäßige Arbeitszeit beträgt 8 Stunden pro Tag.
c) Die Kündigungsfrist in der Probezeit beträgt 14 Werktage.
d) Im dritten Jahr erfolgt ein Teil der Ausbildung in der Zweigstelle am Marktplatz.

Situation zu den Fragen 5 - 7
Hermann Harms ist Eigentümer der Firma Harms Metallbau mit 10 Angestellten. Er möchte erstmalig in seinem Betrieb ausbilden.

Frage 5: Hermann Harms will einen betrieblichen Ausbildungsplan erstellen. Was ist zu beachten? (2 richtige Antworten)

a) Ausbildungsinhalte werden zu Ausbildungseinheiten zusammengefasst.
b) Hermann Harms besorgt sich die letzten Abschlussprüfungen, um daraus einen Ausbildungsplan zu erstellen, der gute Prüfungsergebnisse ermöglicht.
c) Nach sachlichen und pädagogischen Kriterien wird eine zeitliche Gliederung der Ausbildungsinhalte erstellt.
d) Die Ausbildung erfolgt hauptsächlich in den ruhigen Zeiten, um den betrieblichen Ablauf nicht zu stören.

Frage 6: Hermann Harms wird von einem Mitarbeiter angesprochen, dessen Sohn Jörg Waller eine verkürzte Ausbildung anstrebt. Wer kann Herrmann Harms verbindliche Auskunft darüber geben, ob eine Verkürzung der Ausbildung für Jörg Waller möglich ist? (1 richtige Antwort)

a) Ein Mitglied des Prüfungsausschusses
b) Der Ausbildungsberater der IHK / Handwerkskammer
c) Der Betriebsrat
d) Der Berufsschullehrer

Frage 7: Für Auszubildende unter 18 Jahre will Hermann Harms die Pausen überprüfen. Der Arbeitsbeginn ist immer um 7.30 Uhr. Die Arbeitszeit beträgt 8 Stunden. Welche Pausenregelung ist nach dem Gesetz zulässig? (1 richtige Antwort)

a) 1. Pause von 10.00 bis 10.30 Uhr, 2. Pause von 12.30 bis 13.00 Uhr
b) Eine Pause von 11.30 bis 12.15 Uhr
c) 1. Pause von 12.30 bis 13.00 Uhr, 2. Pause von 14.30 bis 15.00 Uhr
d) 1. Pause von 10.15 bis 10.30 Uhr, 2. Pause von 12.45 bis 13.15 Uhr

Frage 8: Wer hat folgende Kosten im Verlauf der Ausbildung zu tragen?

1. Ausbildungsnachweis	
2. Fahrten zur Arbeit	a) Auszubildender
3. Mittel zur Abschlussprüfung	
4. Fachliteratur	b) Ausbildungsbetrieb
5. Werkzeuge für die betriebliche Berufsausbildung	

Frage 9: Eine Auszubildende zur Kauffrau im Einzelhandel hat Fragen zum Führen des Ausbildungsnachweises. Welche Informationen können Sie geben? (2 richtige Antworten)

a) Die Ausbildungsnachweise sind regelmäßig zu führen.
b) Die Ausbildungsnachweise sind außerhalb der Arbeitszeit zu führen, da während der Arbeitszeit meist die dafür nötige Ruhe fehlt.
c) Der Ausbildende oder der Ausbilder hat die Ausbildungsnachweise mindestens alle 3 Monate zu überprüfen.
d) In den Ausbildungsnachweisen sind die Themen der Berufsschule mit aufzunehmen.

Frage 10: Der Tischlermeister Hobel hat seinen Betrieb mit 12 Mitarbeitern und 3 Auszubildenden aus Altersgründen verkauft. Der neue Eigentümer übernimmt den für die Ausbildung zuständigen Gesellen Peter Holz. Es sollen Änderungen der Betriebsausrichtung vorgenommen werden. Welche Aussage ist richtig? (1 richtige Antwort)

a) Die Auszubildenden können wegen eines wichtigen Grundes gekündigt werden.
b) Der Ausbildungsvertrag ist aufgrund des Inhaberwechsels beendet (Rechtsgrundlage: Berufsbildungsgesetz).
c) Es ist die zuständige Stelle über den Inhaberwechsel zu unterrichten.
d) Nach dem Datum des Betriebsüberganges beginnt eine außerordentliche Probezeit von 3 Monaten für die Auszubildenden.

Situation zu den Fragen 11 - 13
Die 19-jährige Annika Cordas hat den Ausbildungsvertrag zur Kauffrau im Groß- und Außenhandel unterschrieben.

Frage 11: Dieser soll jetzt an die zuständige Stelle (in diesem Fall IHK) gesandt werden. Was ist dabei zu beachten? (2 richtige Antworten)

a) Es sind alle Exemplare des Ausbildungsvertrages an die IHK zu senden.
b) Das vorgesehene Exemplar für Annika Cordas wird der Auszubildenden nach der Unterschrift ausgehändigt und nicht mit an die IHK geschickt.
c) Es ist eine sachliche und zeitliche Gliederung (betrieblicher Ausbildungsplan) beizufügen.
d) Es ist die erforderliche ärztliche Bescheinigung nach dem Jugendarbeitsschutzgesetz beizufügen.

Frage 12: Zu welchem Zeitpunkt ist der Antrag auf Eintragung in das Verzeichnis der Berufsausbildungsverhältnisse zu stellen? (1 richtige Antwort)

a) 4 Wochen vor Beginn der Ausbildung.
b) Unverzüglich nach Abschluss des Berufsausbildungsvertrages.
c) Nach erfolgreicher Beendigung der Probezeit.
d) Zusammen mit dem ersten Berufsschultag.

Frage 13: Wie erfolgt die Anmeldung zur Berufsschule? (1 richtige Antwort)

a) Die Anmeldung erfolgt durch eine Sammelanmeldung der zuständigen Stelle, z. B. durch die IHK oder HWK.
b) Die Anmeldung erfolgt durch den Auszubildenden mittels Formblatt.
c) Die Anmeldung erfolgt durch den Ausbildungsbetrieb.
d) Die Anmeldung erfolgt durch den Ausbilder am ersten Tag der Berufsausbildung.

Frage 14: Bei einem Bewerbungsgespräch fragt der 24-jährige Jan Ahorn, ob eine Verkürzung der Ausbildungszeit aufgrund seines Alters möglich ist. Welche Aussage können Sie machen? (1 richtige Antwort)

a) Eine Verkürzung ist nur möglich, wenn Jan Ahorn einen höheren Bildungsabschluss, z. B. Fachhochschulreife, nachweisen kann.
b) Eine Verkürzung allein aufgrund des Alters ist nicht möglich.
c) Ob die Kürzung möglich ist, wird von der Berufsschule durch den verantwortlichen Berufschullehrer entschieden.
d) Eine Verkürzung aufgrund des Lebensalters ist möglich.

Frage 15: Ordnen Sie die Rechtsgrundlagen entsprechend zu:

1. Mindesturlaubsanspruch für volljährige Auszubildende.	
2. Möglichkeit der Verkürzung der Ausbildung.	a) Jugendarbeitsschutzgesetz
3. Erstuntersuchung bei Jugendlichen vor Berufseintritt.	b) Berufsbildungsgesetz
4. Verbot von Vertragsstrafen während der Ausbildung.	c) Bundesurlaubsgesetz
5. Mindesturlaubsanspruch für minderjährige Auszubildende.	d) Ausbildungsordnung
6. Dauer eines anerkannten Ausbildungsberufs.	

Lösungen zu Fragenblock G

Frage 1: c

Frage 2: b

Frage 3: a

Frage 4: b, d

Frage 5: a, c

Frage 6: b

Frage 7: a

Frage 8: 1b, 2a, 3b, 4b, 5b

Frage 9: a, d

Frage 10: c

Frage 11: a, c

Frage 12: b

Frage 13: c

Frage 14: d

Frage 15: 1c, 2b, 3a, 4b, 5a, 6d

H. Ausbildung vorbereiten und bei der Einstellung von Auszubildenden mitwirken IV (Die Anzahl der richtigen Antworten ist bei den Fragen angegeben.)

Situation zu den Fragen 1 - 5
Sie arbeiten in der Numero Maschinenbau GmbH mit 186 Mitarbeiter/-innen zuzüglich 7 Auszubildenden. Sie sind jetzt als Ausbilder verantwortlich für die Auszubildenden. Aus der Personalabteilung erhalten Sie eine Übersicht der Fehltage der Auszubildenden.

Name	Soll-Arbeitstage	Fehltage	Fehlquote in %
Amsel	221	2	
Brede	221	0	
Denath	220	14	
Hommer	219	5	
Kruse	221	0	
Lansom	221	7	
Ohsel	221	10	
Gesamt:			

Frage 1: Welche Aussagen zur Ausbildungsquote sind richtig? (2 richtige Antworten)

a) Unter Ausbildungsquote versteht man die Anzahl der sich in Ausbildung befindenden Beschäftigten im Verhältnis zur Gesamtzahl aller Beschäftigten.
b) Unter Ausbildungsquote versteht man die Anzahl der übernommenen Auszubildenden im Verhältnis zur Gesamtzahl aller Beschäftigten.
c) Die Ausbildungsquoten variieren nach Region, Branche und Betriebsgröße.
d) Wird die durchschnittliche Ausbildungsquote in einem Betrieb nicht erreicht, muss eine Strafzahlung geleistet werden.

Frage 2: Berechnen Sie die Ausbildungsquote. (1 richtige Antwort)

a) Die Ausbildungsquote beträgt 3,63 %.
b) Die Ausbildungsquote beträgt 3,76 %.
c) Die Ausbildungsquote beträgt 4,27 %.
d) Die Ausbildungsquote beträgt 4,61 %.

Frage 3: Der Betriebsrat der Numero Maschinenbau GmbH plädiert dafür, mehr auszubilden und weist die Geschäftsführung auf die Folgen einer zu niedrigen Ausbildungsquote hin. Welche Folgen könnten allgemein eintreten? (2 richtige Antworten)

a) Es kann zu Facharbeitermangel führen.
b) Die Jugendarbeitslosigkeit steigt.
c) Die Jugendarbeitslosigkeit sinkt.
d) Das Angebot an Ausbildungsplätzen übersteigt die Nachfrage.

Frage 4: Wie hoch ist die Fehlquote in % von Jette Denath? (1 richtige Antwort)

a) Die Fehlquote beträgt 3,8 %.
b) Die Fehlquote beträgt 4,2 %.
c) Die Fehlquote beträgt 4,6 %.
d) Die Fehlquote beträgt 6,4 %.

Frage 5: Wie hoch ist die Fehlquote insgesamt? (1 richtige Antwort)

a) Die Fehlquote insgesamt beträgt 1,5 %.
b) Die Fehlquote insgesamt beträgt 2,0 %.
c) Die Fehlquote insgesamt beträgt 2,5 %.
d) Die Fehlquote insgesamt beträgt 3 %.

Situation zu den Fragen 6 - 9
Das Südwest Kaufhaus GmbH möchte weitere Maßnahmen im Bereich Personalmarketing einführen.

Frage 6: Ordnen Sie die kurzen Beschreibungen den entsprechenden Begriffen zu.

1. Das Unternehmen beeinflusst durch imageorientierte Kampagnen, wie es auf dem Arbeitsmarkt als Arbeitgeber wahrgenommen wird.	a) Talentmanagement
2. Individuelle Verschiedenheit der Mitarbeiterschaft (wie Alter, Geschlecht, Ethnie, sexuelle Orientierung, etc.) wird besonders gefördert und hervorgehoben.	b) Assessment-Center
3. Begabungen werden entdeckt und gefördert.	c) Arbeitgeber-Branding
4. Umfangreiches Auswahlverfahren, in dem Bewerber/-innen u. a. von geschulten Beobachtern in simulierten Arbeitssituationen (oder Rollenspielen) bewertet werden.	d) Diversity Management

Frage 7: Welche Vorteile bietet ein Assessment-Center für das Unternehmen? (2 richtige Antworten)

a) Geringer Zeitaufwand
b) Direkte Vergleichsmöglichkeiten zwischen den Bewerbern.
c) Systematischer Ablauf
d) Niedrige Kosten

Frage 8: Welche Rechte hat der Betriebsrat bei der Gestaltung eines Assessment-Centers? (2 richtige Antworten)

a) Der Betriebsrat hat ein Mitbestimmungsrecht nach dem Betriebsverfassungsgesetz.
b) Der Betriebsrat hat bei der Vergabe von Ausbildungsplätzen keine Mitwirkungsrechte.
c) Der Betriebsrat ist über die Gestaltung des Assessment-Centers zu informieren.
d) Sollte eine Einigung über die Ausgestaltung des Assessment-Centers nicht zustande kommen, kann der Betriebsrat die Einigungsstelle anrufen, deren Spruch die Einigung zwischen Arbeitgeber und Betriebsrat ersetzt.

Frage 9: Unterscheiden Sie Stellenbeschreibung und Anforderungsprofil. Welche Aussagen sind richtig? (2 richtige Antworten)

a) Die Stellenbeschreibung beschreibt den idealen Stelleninhaber.
b) Die Stellenbeschreibung ordnet die Position in die Organisation des Unternehmens ein.
c) Ein Anforderungsprofil sollte nicht zur Personalauswahl eingesetzt werden.
d) Ein Anforderungsprofil gibt Kriterien vor, mit denen Bewerber bewertet werden können.

Frage 10: Zur Vertiefung bestimmter Ausbildungsinhalte werden vermehrt „e-learning Kurse" angeboten. Sarah Weber überlegt, ob das auch für ihre 8 Azubis in Frage kommt. Welche Vorteile gibt es beim e-learning? (2 richtige Antworten)

a) Es ist keine Selbstdisziplin notwendig.
b) Rückfragen können gut beantwortet werden.
c) Lernerfolgskontrollen sind oft inkludiert.
d) Die Kurse können meist zeitunabhängig bearbeitet werden.

Situation zu den Fragen 11 - 12
Seit 2020 gilt für Auszubildende nach dem Berufsbildungsgesetz eine Mindestausbildungsvergütung (§17 BBiG).

Frage 11: Welche Aussage zur Mindestausbildungsvergütung ist richtig? (1 richtige Antwort)

a) Die Mindestausbildungsvergütung entspricht dem gesetzlichen Mindestlohn.
b) Die Mindestausbildungsvergütung darf nicht unterschritten werden.
c) Die Mindestausbildungsvergütung kann unterschritten werden, wenn ein geltender Tarifvertrag eine geringere Vergütung vorsieht.
d) Die Mindestausbildungsvergütung wird durch die für die Berufsausbildung zuständigen Stellen (IHK, HWK) festgelegt.

Frage 12: Die Wilma Wäscheservice GmbH möchte einen neuen Auszubildenden einstellen. Der Betrieb ist tarifgebunden. Die Ausbildungsvergütungen laut Tarifvertrag liegen 150 € über der Mindestausbildungsvergütung. Wie ist die Rechtslage? (2 richtige Antworten)

a) Es gilt der Tarifvertrag mit der höheren Ausbildungsvergütung.
b) Es gilt die Mindestausbildungsvergütung nach dem Berufsbildungsgesetz.
c) Die höhere Ausbildungsvergütung gilt nur, wenn der Auszubildende Mitglied der entsprechenden Gewerkschaft ist.
d) Der Tarifvertrag gilt unabhängig davon, ob der Auszubildende Gewerkschaftsmitglied ist oder nicht.

Frage 13: Wann ist die Ausbildungsvergütung fällig? (1 richtige Antwort)

a) Der Ausbildende sollte das Gehalt nicht später als bis zum 15. des Folgemonats zahlen.
b) Der Ausbildende hat die Vergütung für den laufenden Kalendermonat spätestens am letzten Arbeitstag des Monats zu zahlen.
c) Die Auszahlung der Ausbildungsvergütung erfolgt zeitgleich mit den normalen Lohn- und Gehaltszahlungen und richtet sich nach der Praxis im Betrieb.
d) Der Ausbildende muss spätestens am letzten Bankarbeitstag des Monats zahlen, der auf den Monat folgt, in dem die Arbeitsleistung erbracht worden ist.

Situation zu den Aufgaben 14 - 15
Sie sollen die Auswirkungen von beruflichen und schulischen Vorbildungen beim Abschluss eines Ausbildungsvertrages berücksichtigen.

Frage 14: Laura Perschau hat nach der Realschule eine Berufsfachschule im Bereich Wirtschaft erfolgreich abgeschlossen. Aufgrund der berufsspezifischen Vorbildung soll die Ausbildung zur Kauffrau für Büromanagement um 1 Jahr verkürzt werden. In welchem Lehrjahr startet Laura? Welche Auswirkungen hat das für die Ausbildungsvergütung? (1 richtige Antwort)

a) Laura fängt direkt im zweiten Lehrjahr an und bekommt die entsprechende Ausbildungsvergütung für das zweite Lehrjahr.
b) Laura fängt direkt im zweiten Lehrjahr an, bekommt aber die Ausbildungsvergütung für das erste Lehrjahr.
c) Laura fängt im ersten Lehrjahr mit dem entsprechenden Gehalt an. Bei erfolgreicher Zwischenprüfung wird sie direkt ins dritte Lehrjahr versetzt.
d) Laura fängt im ersten Lehrjahr an mit dem entsprechenden Gehalt für das erste Lehrjahr an. Die Prüfung erfolgt entsprechend früher zum Schluss des zweiten Lehrjahres.

Frage 15: Linus May hat Abitur und möchte seine Ausbildung zum Hotelfachmann um 12 Monate verkürzen. Welche Aussage ist richtig? (1 richtige Antwort)

a) Linus fängt direkt im zweiten Lehrjahr an und bekommt die entsprechende Ausbildungsvergütung für das zweite Lehrjahr.
b) Linus fängt direkt im zweiten Lehrjahr an, bekommt aber die Ausbildungsvergütung für das erste Lehrjahr.
c) Im Gegensatz zur beruflichen Vorbildung wird die Ausbildungszeit bei einer schulischen Vorbildung am Ende der Ausbildung gekürzt. Er fängt somit im ersten Lehrjahr an mit entsprechendem Gehalt.
d) Linus erhält aufgrund seines Abiturs einen Zuschlag auf die normale Ausbildungsvergütung.

Lösungen zu Fragenblock H

Frage 1: a, c

Frage 2: b

Frage 3: a, b

Frage 4: d

Frage 5: c

Frage 6: 1c, 2d, 3a, 4b

Frage 7: b, c

Frage 8: a, d

Frage 9: b, d

Frage 10: c, d

Frage 11: c

Frage 12: a, d

Frage 13: b

Frage 14: a

Frage 15: c

I. Ausbildung durchführen I

(Bei diesem Aufgabenblock ist eine Antwort pro Frage richtig.)

Frage 1: Sie sind für die Begrüßung der neuen Auszubildenden verantwortlich. Ordnen Sie die folgenden Maßnahmen entsprechend zu.

1. Erste Informationen zu den einzelnen Abteilungen des Betriebes geben. 2. Informationen zur Führung des Ausbildungsnachweises geben. 3. Vorstellung aller 60 Mitarbeiter /-innen des Betriebes. 4. Erste Arbeitsschritte zur Einarbeitung in der Berufsausbildung nennen.	a) Geeignet b) Nicht geeignet

Frage 2: Der Auszubildende Jakob kann Zusammenhänge nicht immer richtig erfassen. Darum soll er mit der Auszubildenden Laura bei einem Projekt zusammenarbeiten.
Wie verhalten Sie sich als Ausbilder beim „selbstgesteuerten Lernen"?

a) Sie greifen sofort ein, wenn es zu Fehlern kommt.
b) Sie bereiten alles sehr sorgfältig und bis ins Detail geplant vor.
c) Sie stehen für Nachfragen bezüglich des Projektes nicht zur Verfügung.
d) Sie bereiten das Projekt entsprechend vor, damit es von den beiden selbständig erarbeitet werden kann.

Frage 3: Als Ausbilder wollen Sie auch die sozialen Kompetenzen Ihrer Auszubildenden fördern. Was ist damit gemeint?

a) Die Auszubildenden sollen lernen, dass man z. B. bei der Urlaubsbesprechung auch Kompromisse eingehen muss.
b) Die Auszubildenden sollten ihre Ansichten auf jeden Fall durchsetzen.
c) Die Auszubildenden müssen analytisch denken lernen.
d) Die Belastbarkeit des Auszubildenden sollte im Rahmen der Ausbildung gesteigert werden.

Frage 4: Die Auszubildende zur Industriekauffrau hat nach der Unterweisung die Bestellung von Papier selbständig nach den Richtlinien des Unternehmens zu erstellen.
Um welches Lernziel handelt es sich?

a) Richtlernziel b) Feinlernziel c) Groblernziel d) Ausbildungsziel

Frage 5: Welche Aussage zum "Kognitiven Lernbereich" ist richtig?

a) Er bezieht sich auf das Wissen und die intellektuellen Fähigkeiten.
b) Er bezieht sich auf die psychomotorischen Fähigkeiten.
c) Er bezieht sich auf die innere Einstellung und Werthaltung.
d) Er bezieht sich auf die manuellen Fähigkeiten, z. B. die Geschicklichkeit.

Frage 6: Durch eine Lerneinheit soll eine positive Veränderung der inneren Einstellung und der Werthaltung erreicht werden. Wie wird dieser Lernbereich genannt?

a) Kognitiver Lernbereich
b) Psychomotorischer Lernbereich
c) Affektiver Lernbereich
d) Motorischer Lernbereich

Frage 7: Sie melden eine Auszubildende zur Zwischenprüfung an.
Welche Aussage ist richtig?

a) Eine schlechte Zwischenprüfung kann zu einer Beendigung des Ausbildungsvertrages führen.
b) Die Noten der Zwischenprüfung haben einen großen Einfluss auf das Zeugnis der Berufsschule.
c) Das Nichtbestehen der Zwischenprüfung hat die Nichtzulassung zur Abschlussprüfung zur Folge.
d) Die Teilnahme an der Zwischenprüfung ist Voraussetzung für die Teilnahme an der Abschlussprüfung.

Frage 8: Sie wenden die "4-Stufen-Methode" an. Durch welches Beispiel wird diese Methode richtig dargestellt?

a) Vorbereiten - Nachmachen - Üben - Kontrolle
b) Vorbereiten - Vormachen - Nachmachen - Üben
c) Vorbereiten - Vormachen - Üben - Nachmachen
d) Vorbereiten - Üben - Nachmachen - Üben

Frage 9: Welche Aufgabe haben Sie als Ausbilder bei der Stufe 3 der "4-Stufen-Methode"?

a) Sie beobachten den Auszubildenden beim Nachmachen.
b) Sie erklären während dieses Schrittes fortwährend die Arbeitsgänge.
c) Sie machen einzelne Arbeitsschritte fachgerecht vor.
d) Sie fordern eine höhere Arbeitsschnelligkeit.

Frage 10: Sie möchten einen Beamer in Ihren Unterricht einbinden. Für welches Beispiel wäre er geeignet?

a) Sie möchten die Funktionsweise eines Dieselmotors erklären.
b) Sie arbeiten praktisch mit der Gruppe und möchten das Bedienen der Telefonanlage erklären.
c) Sie erklären mit einem Organigramm die Zusammenhänge einzelner Abteilungen im Betrieb.
d) Sie möchten den Zusammenhalt in der Gruppe stärken.

Frage 11: Eine minderjährige Auszubildende hat in ihren Leistungen nachgelassen und arbeitet unkonzentriert. Dies hat auch schon zu Fehlern geführt und den Arbeitsablauf gestört. Wie verhalten Sie sich als Ausbilder?

a) Sie sprechen die Eltern der Auszubildenden an und fragen dort nach "Familienstörungen".
b) Sie weisen der Auszubildenden nur noch Tätigkeiten zu, die leicht zu erfüllen sind.
c) Sie erhöhen die Kontrolle und machen etwas "Druck", um die Fehlerrate zu senken.
d) Sie suchen das Gespräch mit der Auszubildenden, um die Konzentrationsschwächen durch geeignete Maßnahmen abzubauen.

Frage 12: Die Auszubildenden sollten regelmäßig beurteilt werden. Welcher Faktor sollte bei der Beurteilung nicht berücksichtigt werden?

a) Verhalten gegenüber anderen Auszubildenden
b) Führungsfähigkeit
c) Motivation / Arbeitseinstellung
d) Ausführung der zugewiesenen Arbeiten

Frage 13: Die Leistungsfähigkeit und Leistungsbereitschaft schwankt im Laufe des Tages. In welchem Zeitraum ist in der Regel die höchste Leistungsfähigkeit zu erwarten?

a) Zwischen 6.30 Uhr und 9.30 Uhr
b) Zwischen 14.00 Uhr und 17.00 Uhr
c) Zwischen 8.00 Uhr und 11.00 Uhr
d) Zwischen 12.00 Uhr und 15.00 Uhr

Frage 14: Welche Aussage zur Probezeit ist richtig?

a) Am Ende der Probezeit sollte ein Beurteilungsgespräch stattfinden.
b) Die Probezeit dauert mindestens 1 Monat und höchstens 6 Monate.
c) Während der Probezeit sollten möglichst keine Gespräche mit den Auszubildenden geführt werden.
d) In der Probezeit sollte der Auszubildende möglichst allein arbeiten, um seine Selbständigkeit zu steigern.

Frage 15: Wie hoch ist der Prozentsatz von Ausbildungsverhältnissen, die schon während der Probezeit gelöst werden?

a) 2 %
b) 6 %
c) 12 %
d) 25 %

Lösungen zu Fragenblock I

Frage 1: 1a, 2a, 3b, 4a

Frage 2: d

Frage 3: a

Frage 4: b

Frage 5: a

Frage 6: c

Frage 7: d

Frage 8: b

Frage 9: a

Frage 10: c

Frage 11: d

Frage 12: b

Frage 13: c

Frage 14: a

Frage 15: b

J. Ausbildung durchführen II

(Die Anzahl der richtigen Antworten ist bei den Fragen angegeben.)

Frage 1: Durch welche Merkmale sind Richtlernziele gekennzeichnet? (2 richtige Antworten)

a) Sie beziehen sich auf übergeordnete Lernziele.
b) Sie beziehen sich auf die Details des Ausbildungsthemas.
c) Sie geben die Richtung an und sind eher allgemein gehalten.
d) Sie beziehen sich auf kleinere Bereiche im Ausbildungsinhalt.

Frage 2: Ordnen Sie die folgenden Lernziele entsprechend zu.

1) Der Auszubildende soll einen diktierten Geschäftsbrief (Angebot) innerhalb von 30 Minuten fehlerfrei mit MS Word schreiben.	
2) Kenntnisse aus dem Bereich Marktforschung erwerben.	a) Richtlernziel
3) Erstellung eines Formulars nach DIN 5008.	b) Groblernziel
4) Der Auszubildende soll Kenntnisse der Textverarbeitung erlernen.	c) Feinlernziel
5) Der Auszubildende soll erkennen, welche Eigenschaften bestimmte Stoffe haben.	

Frage 3: Welche der genannten Beispiele sind darbietende Ausbildungsmethoden? (3 richtige Antworten)

a) Brainstorming
b) Vortrag
c) Vorführung eines Videos
d) Vier-Stufen-Methode

Frage 4: Was ist unter Mindmap-Methode zu verstehen? (1 richtige Antwort)

a) Eine spezielle Technik zur Erschließung und visuellen Darstellung eines Themengebietes.
b) Eine darbietende Ausbildungsmethode
c) Ein anderer Ausdruck für „Brainstorming“
d) Ein Rollenspiel

Frage 5: Ordnen Sie folgende Ausbildungsmethoden entsprechend zu.

1) Rollenspiel	
2) Vier-Stufen-Methode	a) Darbietende Ausbildungsmethode
3) Präsentation	b) Besprechende Ausbildungsmethode
4) Moderierte Gruppendiskussion	c) Erarbeitende Ausbildungsmethode
5) Leittext-Methode	
6) Lehrgespräch	

Frage 6: Welche Aussagen zu einer moderierten Besprechung sind richtig? (2 richtige Antworten)

a) Die Leitung der Besprechung übernimmt der verantwortliche Ausbilder.
b) Die Verantwortung für das Gespräch geht weitgehend auf die Auszubildenden über.
c) Die Ergebnisse der Besprechung sollten visualisiert werden, z. B. auf dem Flipchart.
d) Der Ausbilder schreibt den Ablauf der Besprechung im engen Rahmen vor.

Frage 7: Welche Ziele können mit einem Rollenspiel gut erreicht werden? (2 richtige Antworten)

a) Entwicklung der Kommunikationsfähigkeit.
b) Vermittlung der notwendigen Kenntnisse zur schriftlichen Abschlussprüfung.
c) Vermittlung von handwerklichen Fähigkeiten.
d) Aufbau und Training von Verhaltensweisen.

Frage 8: Für welche Ausbildungsinhalte wäre ein Rollenspiel gut geeignet? (2 richtige Antworten)

a) Aufbau einer Fertigungsstraße
b) Führen eines Verkaufsgespräches
c) Funktionsweise des Dieselmotors
d) Vorbereitung auf die mündliche Prüfung

Frage 9: Wie können Sie einen Kurzvortrag ansprechend gestalten? (3 richtige Antworten)

a) Gestalten Sie die Einleitung interessant, z. B. mit besonderen Ereignissen zum Thema.
b) Benutzen Sie viele Fachwörter / Fremdwörter.
c) Rücken Sie zum Schluss noch einmal die wichtigsten Punkte des Vortrags in den Vordergrund.
d) Seien Sie auf Fragen vorbereitet.

Frage 10: Welche Themen eignen sich gut für einen Kurzvortrag? (2 richtige Antworten)

a) Einkommenssteuererklärung ausfüllen können.
b) Aufgaben der Personalabteilung kennenlernen.
c) Umgang mit dem neuen Kalkulationsprogramm erlernen.
d) Bedeutung des sparsamen Umgangs mit Energie erkennen.

Frage 11: Welches ist ein Vorteil des Lehrgespräches? (1 richtige Antwort)

a) Die Auszubildenden nehmen aktiv teil.
b) Die Gesprächsführung wird von einem Auszubildenden übernommen.
c) Die Gesprächsführung wird vom Ausbilder und Auszubildenden gemeinsam ausgeführt.
d) Vielredner können sich hervorheben.

Frage 12: Ordnen Sie die geeignete Ausbildungsmethode entsprechend zu.

1) Karrieremöglichkeiten / Aufstiegsmöglichkeiten im Betrieb aufzeigen.	a) Lehrgespräch
2) Kommunikation bei einem Beratungsgespräch verbessern.	b) Rollenspiel
3) Arbeitssicherheit im Betrieb darstellen.	c) Kurzvortrag
4) Die Auszubildenden sollen die Ausbildungsberufe des Betriebes bei der nächsten Herbstausstellung präsentieren.	d) Moderierte Besprechung

Frage 13: Welche Aussagen zur Leittextmethode sind richtig? (2 richtige Antworten)

a) Der Ausbilder entwickelt den Leittext.
b) Die Auszubildenden entwickeln den Leittext.
c) Durch die Leittext-Methode wird das „Selber-Lernen“ der Auszubildenden angeleitet.
d) Die Leittextmethode wurde aus dem Rollenspiel entwickelt.

Frage 14: Ordnen Sie Arbeitsmittel und Medien entsprechend zu.

1) PC-Übungsprogramm	
2) Flipchart	a) Arbeitsmittel
3) Hobelmaschine	
4) Berichtsheft	b) Medien
5) Overheadprojektor	
6) Werkzeugkoffer	

Frage 15: Welche Ausbildungsmittel sind vom Betrieb kostenlos bereit zu stellen? (2 richtige Antworten)

a) Fachbücher für die Berufsschule
b) Fachbücher, die betrieblich genutzt werden.
c) Fachbücher, die nicht betrieblich genutzt werden.
d) Berichtshefte (Ausbildungsnachweise)

Lösungen zu Fragenblock J

Frage 1: a, c

Frage 2: 1c, 2a, 3b, 4a, 5b

Frage 3: b, c, d

Frage 4: a

Frage 5: 1b, 2a, 3a, 4b, 5c, 6b

Frage 6: b, c

Frage 7: a, d

Frage 8: b, d

Frage 9: a, c, d

Frage 10: b, d

Frage 11: a

Frage 12: 1c, 2b, 3a, 4d

Frage 13: a, c

Frage 14: 1b, 2b, 3a, 4a, 5b, 6a

Frage 15: b, d

K. Ausbildung durchführen III

(Die Anzahl der richtigen Antworten ist bei den Fragen angegeben.)

Frage 1: Welche Aussagen zur Gruppenarbeit sind richtig? (2 richtige Antworten)

a) Gruppenarbeit wirkt für die Beteiligten häufig demotivierend.
b) Es werden soziale Verhaltensweisen gefördert.
c) Während der Gruppenarbeit steht der Ausbilder als Berater zur Verfügung.
d) Während der Gruppenarbeit sollte der Ausbilder möglichst häufig Korrekturen vornehmen, um das gewünschte Ergebnis schnell zu erreichen.

Frage 2: In der Gruppe redet Finn oft dazwischen und fällt durch albernes Verhalten auf. Was will er vermutlich damit bezwecken? (1 richtige Antwort)

a) Er will Aufmerksamkeit erregen.
b) Er will sich als Gruppenführer sehen.
c) Er will so auf seine Kompetenzen hinweisen.
d) Er will die Arbeit der Gruppe sabotieren.

Frage 3: Wie sollte man Kritik gegenüber jugendlichen Auszubildenden äußern? (1 richtige Antwort)

a) Die Kritik sollte sofort und unüberhörbar erfolgen.
b) Es sollten auf alle Fälle die Eltern des Auszubildenden herangezogen werden.
c) Die Leistung sollte mit der Leistung anderer Jugendlicher verglichen werden.
d) Die Ursachen für die Fehler sollten gesucht werden.

Frage 4: Felix gehört zu den leistungsschwächeren Auszubildenden. Er stört den Unterricht. Welche Äußerung wäre angemessen?

1. „Wenn Du nicht aufhörst, setzt es gleich was."	
2. „Über Dein Verhalten werden wir beide nachher sprechen." Der Unterricht wird fortgeführt.	a) Angemessen
3. „Über Dein Verhalten werden wir beide jetzt sprechen." Der Unterricht wird unterbrochen.	b) Nicht angemessen
4. „Ich sehe jetzt schon, mit Deiner Prüfung wird es nichts!"	

Frage 5: Ein neues Thema soll in Gruppenarbeit erarbeitet werden. Sie fordern die Auszubildenden auf, sich selber in Gruppen einzuteilen. Wie wird diese Gruppe bezeichnet? (1 richtige Antwort)

a) Eingeteilte Gruppe
b) Ausbildergruppe
c) Informelle Gruppe
d) Formelle Gruppe

Frage 6: Welche Aussagen zu Arbeitsgruppen sind richtig? (2 richtige Antworten)

a) Die Gruppenarbeit fördert die Ausbildung von Teamfähigkeit (Schlüsselqualifikation).
b) Der Auszubildende mit dem besten Fachwissen sollte Gruppensprecher sein.
c) Durch Ausübung von Druck auf die Gruppe lässt die Leistung in der Regel nach.
d) Durch Ausübung von Druck auf die Gruppe lässt sich die Leistung steigern.

Frage 7: Sie wollen Ihre Moderation mit Medien unterstützen. Welche Medien wären gut geeignet? (2 richtige Antworten)

a) Beamer
b) Flipchart
c) Videoanlage
d) Whiteboard

Frage 8: Sie möchten einen Beamer einsetzen. Was haben folgende Angaben zu bedeuten: 1920 x 1080 Pixel, Lichtleistung: 1200 Lumen? (2 richtige Antworten)

a) Das Bildverhältnis beträgt meist 4 : 3.
b) 1920 x 1080 Pixel ist die Auflösung. Es gibt die Anzahl der Bildpunkte an.
c) 1200 Lumen weist auf die Lichtleistung hin.
d) 1200 Lumen bezeichnet den Geräuschpegel des Gerätes.

Frage 9: Welche der folgenden Beispiele können zu einer Verlängerung der Ausbildungszeit führen? (2 richtige Antworten)

a) Verlängerung nach einer nicht bestandenen Abschlussprüfung.
b) Verlängerung nach einer nicht bestandenen Zwischenprüfung.
c) Verlängerung aufgrund längerer, vom Auszubildenden nicht zu vertretenden, Ausfallzeiten (z. B. Krankheit).
d) Verlängerung, um eine bessere Prüfungsnote durch eine bessere Vorbereitung zu erreichen.

Frage 10: Wer muss den Antrag auf Verlängerung des Ausbildungsverhältnisses stellen? (1 richtige Antwort)

a) Der Ausbildende
b) Die Berufsschule
c) Der beauftragte Ausbilder zusammen mit dem Ausbildungsbetrieb
d) Der Auszubildende

Frage 11: Wann sollten Lernerfolgskontrollen vorgenommen werden? (2 richtige Antworten)

a) Jährlich
b) Nach jeder größeren Ausbildungseinheit
c) Nur vor den Prüfungen (Zwischenprüfung, Abschlussprüfung)
d) Nach kleineren Ausbildungseinheiten (Zwischenkontrolle)

Frage 12: Welche Kriterien sind bei der Beurteilung von Auszubildenden anzuwenden? (3 richtige Antworten)

a) Lernverhalten
b) Lernfähigkeit
c) Führungsstil
d) Selbständigkeit

Frage 13: Ordnen Sie die Eigenschaften der gebundenen Beurteilung oder der freien Beurteilung entsprechend zu.

1) Zeitsparend	
2) Weniger subjektiv	a) Gebundene Beurteilung
3) Erhöhung der Vergleichbarkeit	b) Freie Beurteilung
4) Größerer Beurteilungsspielraum	
5) Erfassung wesentlicher Merkmale	

Frage 14: Was bedeutet die „Tendenz zur Mitte" bei einer Beurteilung? (1 richtige Antwort)

a) Besonders gute bzw. schlechte Bewertungen werden vermieden.
b) Es wird ein sehr hoher Maßstab bei der Bewertung angelegt.
c) Ein Auszubildender soll durch die Beurteilung „gefügig" gemacht werden.
d) Der Beurteiler orientiert sich sehr stark an vorherigen Beurteilungen.

Frage 15: Welche Aussagen zum Beurteilungsbogen sind richtig? (3 richtige Antworten)

a) Mit der Unterschrift bestätigt der Auszubildende seine Zustimmung.
b) Mit der Unterschrift bestätigt der Auszubildende die Kenntnisnahme.
c) Der Auszubildende hat ein Recht auf Erörterung der Beurteilung.
d) Der Auszubildende kann ein Mitglied des Betriebsrates zur Erörterung hinzuziehen.

Lösungen zu Fragenblock K

Frage 1: b, c

Frage 2: a

Frage 3: d

Frage 4: 1b, 2a, 3b, 4b

Frage 5: d

Frage 6: a, c

Frage 7: b, d

Frage 8: b, c

Frage 9: a, c

Frage 10: d

Frage 11: b, d

Frage 12: a, b, d

Frage 13: 1a, 2a, 3a, 4b, 5a

Frage 14: a

Frage 15: b, c, d

L. Ausbildung durchführen IV

(Die Anzahl der richtigen Antworten ist bei den Fragen angegeben.)

Situation zu den Fragen 1 - 3
Sie übernehmen in einem Betrieb einen Auszubildenden. Leo Lafer ist 17 Jahre alt und im zweiten Lehrjahr. Er ist lustlos und teilnahmslos. Er wird von den Gesellen hauptsächlich für Hilfsarbeiten eingesetzt.

Frage 1: Was kann zu diesem Verhalten geführt haben? (3 richtige Antworten)

a) Leo hat die Freude an der Arbeit und somit das Interesse verloren.
b) Leo wird von den Gesellen nur für Hilfsarbeiten eingesetzt und wird somit nicht motiviert.
c) Die Berufsschule hat versäumt, seinen Ehrgeiz zu wecken.
d) Leo hat keine Gelegenheit, qualifizierte Aufgaben zu bearbeiten und Erfolgserlebnisse zu generieren.

Frage 2: Wie kann die Ausbildungssituation für Leo verändert werden? (1 richtige Antwort)

a) Alle Beteiligten - auch die Gesellen - müssen sich verantwortungsvoll an der Ausbildung von Leo beteiligen.
b) Die Eltern müssen eingebunden werden, um Leo zum Erfolg der Ausbildung zu verhelfen.
c) Die Berufsschule muss Leo stärker motivieren.
d) Leo muss vermittelt werden, dass er stärker eine qualifizierte Ausbildung fordern muss.

Frage 3: Wie kann die praktische Ausbildung für Leo verbessert werden? (2 richtige Antworten)

a) Komplexe Aufgaben werden in Teilaufgaben unterteilt.
b) Es werden nur Aufgaben gestellt, die dem Interesse von Leo entgegenkommen.
c) Solange er kein vermehrtes Interesse zeigt, ist er weiter mit Hilfsarbeiten zu beschäftigen.
d) Die Einbeziehung in das Team verbessern, sodass er von der Berufserfahrung der Gesellen profitieren kann.

Frage 4: Die beiden Auszubildenden Nina (16 Jahre) und Ole (17 Jahre) haben ihre Ausbildungen gerade begonnen und zeigen mitunter Ermüdungserscheinungen.
Woran könnte das liegen? (3 richtige Antworten)

a) Sie haben sich noch nicht an die körperlichen Anforderungen des Berufes gewöhnt.
b) Die beiden Auszubildenden sind noch in der körperlichen Entwicklung.
c) Sie finden die zugeteilten Aufgaben langweilig.
d) Die Auszubildenden haben den falschen Ausbildungsberuf gewählt.

Frage 5: Der Auszubildende Fabian Horn kam letzte Woche 3-mal zu spät zur Arbeit.
Wie sollten Sie als Ausbilder reagieren?

1. Mit einer Abmahnung	
2. Kündigung bei Wiederholung	a) Angemessen
3. Die versäumte Zeit nacharbeiten lassen.	b) Nicht angemessen
4. Das Gespräch suchen, um die Gründe der Verspätungen festzustellen.	

Frage 6: Während der vereinbarten Probezeit von 3 Monaten ist die neue Auszubildende Melissa 32 Tage krank. Sie möchte deshalb die Probezeit verlängern. Ist das möglich?
Welche Aussage ist richtig? (1 richtige Antwort)

a) Die Probezeit kann nicht verlängert werden.
b) Eine so lange Krankheit in der Probezeit führt automatisch zu einer fristlosen Kündigung.
c) Eine Verlängerung ist möglich, da Melissa $^{1}/_{3}$ der Probezeit krank ist und wenn diese Möglichkeit vorher vereinbart wurde.
d) Eine Verlängerung um höchstens 2 Wochen aufgrund von Krankheit ist nach dem Berufsbildungsgesetz (BBiG) möglich.

Situation zu den Fragen 7 - 9
Sie sind für die Ausbildung von 3 neuen KFZ- Mechatronikern zuständig, die sich noch in der Probezeit befinden. Sie haben die Azubis angewiesen, ihre Ausbildungsnachweise regelmäßig zum Wochenanfang vorzulegen. Das klappt auch ganz gut. Nur Marcel Klee hält sich nicht daran. Nach einem Hinweis Ihrerseits sind jetzt 3 Wochen vergangen.
Jetzt haben Sie Marcel Klee in Ihr Büro bestellt.

Frage 7: Welche Vorbereitungen auf das Gespräch wären sinnvoll? (3 richtige Antworten)

a) Sie überlegen sich Strafen, falls Marcel Klee mit Ausreden sein Handeln entschuldigen will.
b) Sie nehmen sich Zeit für das Gespräch.
c) Sie sorgen dafür, dass das Gespräch ohne Störungen stattfinden kann.
d) Sie nennen Marcel Klee den Grund für das Gespräch, damit er sich dazu Gedanken machen kann.

Frage 8: Welche rechtlichen Argumente können Sie bezüglich der Pflicht zur Führung des Ausbildungsnachweises nennen? (2 richtige Antworten)

a) Das ordentliche Führen und Vorlegen steht im Berufsausbildungsvertrag, den Marcel Klee unterschrieben hat.
b) Die Berufsschulordnung der Länder schreibt die Führung des Ausbildungsnachweises vor.
c) Die zuständige Stelle / Kammer kontrolliert in regelmäßigen Abständen die Ausbildungsnachweise. Bei Nichtvorliegen kann das Ausbildungsverhältnis annulliert werden.
d) Laut Berufsbildungsgesetz (BBiG) ist das Vorlegen der Ausbildungsnachweise eine Voraussetzung für die Zulassung zur Abschlussprüfung.

Frage 9: Welche Punkte könnten zu einem guten, wirkungsvollen Gesprächsablauf beitragen? (2 richtige Antworten)

a) Eine freundliche Begrüßung
b) Sie drohen gleich zu Beginn des Gespräches mit Konsequenzen für sein Verhalten.
c) Sie stellen klar, dass Ihre Anweisungen sofort zu befolgen sind.
d) Das Gespräch wird mit einer Zusage zum Führen des Ausbildungsnachweises beendet. Die Konsequenzen bei nochmaligen Verstößen werden aufgezeigt.

Frage 10: Eine Jugendliche muss heute bis 20.00 Uhr arbeiten. Ab wann darf sie morgen wieder beschäftigt werden? (1 richtige Antwort)

a) Ab 6 Uhr b) Ab 7 Uhr c) Ab 8 Uhr d) Ab 10 Uhr

Situation zu den Fragen 11 - 12
Sie erfahren von der Berufsschule, dass der Auszubildende Nick im letzten Monat 3 Berufsschultage unentschuldigt gefehlt hat. Am letzten Berufsschultag wurde der Unterricht nach der 4. Stunde beendet und Nick hätte zum Betrieb kommen müssen, was er nicht getan hat.

Frage 11: Wie reagieren Sie im rechtlichen Sinne? (1 richtige Antwort)

a) Sie kündigen das Ausbildungsverhältnis fristlos.
b) Sie kündigen das Ausbildungsverhältnis innerhalb der gesetzlichen Frist.
c) Sie kürzen die Ausbildungsvergütung um 25 %.
d) Sie erteilen eine schriftliche Abmahnung.

Frage 12: Wie reagieren Sie pädagogisch richtig? (2 richtige Antworten)

a) Sie führen mit Nick ein Gespräch, um Gründe für das Fehlen zu erfragen.
b) Sie lassen es bei der Abmahnung beruhen.
c) Sie nehmen mit der Berufsschule Kontakt auf. Vielleicht liegen die Gründe dort.
d) Sie forschen im privaten Umfeld von Nick nach Gründen.

Frage 13: Ihre Auszubildende Malin Schön ist vor kurzer Zeit volljährig geworden. Sie meint, jetzt nicht mehr zur Berufsschule gehen zu müssen. Hat sie damit Recht? (1 richtige Antwort)

a) Malin ist berufsschulpflichtig.
b) Malin ist nicht berufsschulpflichtig, da sie jetzt volljährig ist.
c) Malin Schön kann sich mit Erlaubnis des Betriebes vom Besuch der Berufsschule freistellen lassen.
d) Wenn sie einen Schulabschluss (z. B. Mittlere Reife) besitzt, entfällt die Berufsschulpflicht.

Frage 14: Peter Müller ist für die Ausbildung in seiner Firma zuständig und möchte die Selbständigkeit der Auszubildenden fördern. Welche Maßnahme wäre dazu geeignet?

1. Genaue Anweisungen erteilen.	
2. Die Auszubildenden bei der Ausbildungsplanung einbinden.	a) Geeignet
3. Teamorientiertes Arbeiten unterbinden.	b) Nicht geeignet
4. Genaue zeitliche Vorgaben machen.	

Frage 15: Kevin Rot ist Auszubildender zum Restaurantfachmann und hat in einem Monat seine Zwischenprüfung. Ihm wurde gesagt, dass er die Zwischenprüfung bestehen muss, um an der Abschlussprüfung teilzunehmen. Ist das richtig? (1 richtige Antwort)

a) Nein, für die Abschlussprüfung ist nur die Teilnahme an der Zwischenprüfung erforderlich, nicht das Bestehen.
b) Ja, das Bestehen der Zwischenprüfung ist Voraussetzung für die Zulassung zur Abschlussprüfung.
c) Ja, aber die Zwischenprüfung kann wiederholt werden.
d) Ja, aber nur wenn die praktische Zwischenprüfung mit ungenügend gewertet wird.

Lösungen zu Fragenblock L

Frage 1: a, b, d

Frage 2: a

Frage 3: a, d

Frage 4: a, b, c

Frage 5: 1b, 2b, 3b, 4a

Frage 6: c

Frage 7: b, c, d

Frage 8: a, d

Frage 9: a, d

Frage 10: c

Frage 11: d

Frage 12: a, c

Frage 13: a

Frage 14: 1b, 2a, 3b, 4b

Frage 15: a

M. Ausbildung durchführen V

(Die Anzahl der richtigen Antworten ist bei den Fragen angegeben.)

Situation zu den Fragen 1 - 3
Ronald Rabbit ist Auszubildender als Kaufmann im Einzelhandel bei der Firma Heese, die eine große Auswahl von Kaffeemaschinen und Kaffeevollautomaten im Angebot hat.

Frage 1: Ronald soll einen Kunden freundlich bedienen. Wie nennt man dieses Lernziel? (1 richtige Antwort)

a) Kognitiv-affektives Lernziel
b) Psychomotorisches Lernziel
c) Kognitives Lernziel
d) Affektives Lernziel

Frage 2: Ronald soll technische Daten zur Kaffeemaschine nennen können, nach denen ein Kunde fragt. Wie wird dieser Lernbereich genannt? (1 richtige Antwort)

a) Schulischer Lernbereich
b) Psychomotorischer Lernbereich
c) Kognitiver Lernbereich
d) Affektiver Lernbereich

Frage 3: Ronald soll die fachgerechte Reinigung der Kaffeemaschine demonstrieren und erläutern. Dazu ist die Brühgruppe zu zerlegen. Wie wird dieser Lernbereich genannt? (1 richtige Antwort)

a) Affektiv-kognitiver Lernbereich
b) Psychomotorischer Lernbereich
c) Kognitiver Lernbereich
d) Affektiver Lernbereich

Frage 4: Sie führen bei Ihren Auszubildenden eine Lernerfolgskontrolle durch, nachdem eine Arbeitsaufgabe erfüllt und besprochen wurde. Wozu ist das nötig? (1 richtige Antwort)

a) Die Azubis können erkennen, dass sie evtl. einen falschen Ausbildungsberuf gewählt haben.
b) Aufgrund der Kontrolle können Strafen wegen Nichterfüllung besser begründet werden.
c) Defizite beim Lernen werden aufgezeigt.
d) Es ist eine gute Absicherung für den Ausbilder, falls ein Auszubildender die Prüfung nicht besteht.

Frage 5: Die Friseur-Auszubildende Cindy ist bei den Kunden sehr beliebt und geschätzt. Jedoch hat sie bei der Zwischenprüfung in der Kenntnisprüfung schlecht abgeschnitten. Was können Sie als Ausbilder tun? (1 richtige Antwort)

a) Sie erklären Cindy, dass die „Theorie“ bei dem Beruf der Friseurin nicht so wichtig ist.
b) Sie führen ein Gespräch und weisen auf ihre guten praktischen Fähigkeiten hin. Sie erklären aber, dass gute theoretische Kenntnisse auch zum Beruf gehören.
c) Sie unternehmen nichts und warten ab.
d) Sie drohen mit einer Abmahnung, falls sich die Noten von Cindy in naher Zukunft nicht verbessern.

Frage 6: Ein Auszubildender hat in den letzten 2 Monaten stark in seiner Leistungsfähigkeit nachgelassen. Jetzt bekommen Sie mit, dass der junge Mann ein Drogenproblem haben soll. Sie sind auf dem Gebiet völlig unerfahren. Was können Sie tun? (1 richtige Antwort)

a) Sie versuchen sich das entsprechende Wissen durch Bücher anzueignen.
b) Sie wenden sich an die Berufsschule, da es dort Pädagogen gibt.
c) Sie nehmen Kontakt mit einer Drogenberatungsstelle / Suchtberatungsstelle auf.
d) Sie melden diesen Vorgang der Handelskammer / Handwerkskammer.

Frage 7: Ein Auszubildender will morgen später zur Arbeit erscheinen. Er möchte seinen türkischsprachigen Vater zum Arbeitsamt begleiten und evtl. als Übersetzer fungieren. Wie reagieren Sie? (1 richtige Antwort)

a) Sie geben den Hinweis, dass das Arbeitsamt auch zu Zeiten außerhalb der Arbeitszeit des Auszubildenden geöffnet ist.
b) Sie organisieren einen richtigen Übersetzer, damit es auf dem Arbeitsamt nicht zu Missverständnissen kommt.
c) Sie erlauben den verspäteten Arbeitsantritt ohne weitere Erklärung.
d) Sie warten ab und erteilen eine Abmahnung, wenn der Auszubildende verspätet zur Arbeit erscheint.

Situation zu den Fragen 8 - 9
Handlungskompetenz wird verstanden als die Bereitschaft und Befähigung des Einzelnen, sich in beruflichen, gesellschaftlichen und privaten Situationen sachgerecht durchdacht sowie individuell und sozial verantwortlich zu verhalten. Sie wird oft in 3 Dimensionen unterteilt.

Frage 8: Wo sind die 3 Dimensionen richtig wiedergegeben? (1 richtige Antwort)

a) Fachkompetenz, Durchsetzungskompetenz, Lernkompetenz
b) Fachkompetenz, Methodenkompetenz, Sozialkompetenz
c) Sozialkompetenz, Methodenkompetenz, Einfühlungskompetenz
d) Methodenkompetenz, Sozialkompetenz, Kooperationskompetenz

Frage 9: Welche Kompetenz wird bei den nachfolgenden Beispielen hauptsächlich angesprochen?

1. Karla Karel kann gut selbständig Informationen beschaffen.	
2. Leon Müller kennt sich gut in der Buchhaltung aus.	a) Fachkompetenz
3. Jonas Wolters kann verschiedene Formen des Lernens gut einsetzen.	b) Methodenkompetenz
4. Tom Wulmer kann Aufgaben besonders gut in einer Gruppe bearbeiten.	c) Sozialkompetenz
5. Sonja Sommer nimmt Kritik gut auf und akzeptiert sie.	

Frage 10: Informationen werden mit verschiedenen Sinnesorganen wahrgenommen. Ordnen Sie aufsteigend nach dem Behaltensgrad. Beginnen Sie mit der Wahrnehmung, die am wenigsten im Gedächtnis bleibt.

- Hören und Sehen

- Hören, Sehen und selbst tun

- Sehen

- Hören

Frage 11: Malte Rume hat die Aufgabe als Ausbilder von einem ausscheidenden Kollegen übernommen. Er möchte die Auszubildenden jetzt selbständig lernen und arbeiten lassen. Wie kann das erreicht werden? (2 richtige Antworten)

a) Durch Erfolgserlebnisse wird die Motivation erhöht.
b) Den Auszubildenden wird die Führungsverantwortung übertragen.
c) Es wird eine Arbeitsatmosphäre geschaffen, die selbständiges Arbeiten ermöglicht.
d) Die Auszubildenden können ihre Arbeit ohne jegliche zeitliche Begrenzung ausführen.

Frage 12: Der Baumarkt „Baucenter Neustadt" hat Öffnungszeiten von 7.00 Uhr bis 20.00 Uhr. Der Auszubildende Luca hat dienstags ab 8.50 Uhr Berufsschulunterricht am gleichen Ort. Der Ausbilder möchte, dass Luca vorher von 7.00 Uhr bis 8.15 Uhr noch im Betrieb arbeitet, da die Berufsschule in der Nähe ist. Muss Luca vor dem Berufsschulunterricht arbeiten? (1 richtige Antwort)

a) Ja, die Entscheidung liegt beim Arbeitgeber, ob vor der Berufsschule gearbeitet werden soll.
b) Nein, wenn der Berufsschulunterricht vor 9.00 Uhr beginnt, darf vorher nicht gearbeitet werden.
c) Ja, der Besuch der Berufsschule ist freiwillig. Die Arbeit hat Vorrang.
d) Ja, der Arbeitgeber kann einen Antrag bei der zuständigen Stelle / IHK stellen.

Frage 13: Innerhalb welcher Zeit dürfen Jugendliche nach dem Jugendarbeitsschutzgesetz grundsätzlich beschäftigt werden? (1 richtige Antwort)

a) 8.00 Uhr bis 22.00 Uhr
b) 8.00 Uhr bis 20.00 Uhr
c) 6.00 Uhr bis 21.00 Uhr
d) 6.00 Uhr bis 20.00 Uhr

Frage 14: Welche Aussagen zur ärztlichen Nachuntersuchung bei Jugendlichen sind richtig? (2 richtige Antworten)

a) Die Nachuntersuchung muss innerhalb der letzten 6 Monate des ersten Ausbildungsjahres stattfinden.
b) Ein Jahr nach Beginn der Ausbildung muss die Bescheinigung über die erste Nachuntersuchung vorliegen.
c) Die Untersuchung erfolgt in der Freizeit des Jugendlichen.
d) Jugendliche dürfen nach Ablauf von 14 Monaten nach Aufnahme der ersten Beschäftigung nicht weiterbeschäftigt werden, solange sie die Bescheinigung nicht vorgelegt haben.

Lösungen zu Fragenblock M

Frage 1: d

Frage 2: c

Frage 3: b

Frage 4: c

Frage 5: b

Frage 6: c

Frage 7: a

Frage 8: b

Frage 9: 1b, 2a, 3b, 4c, 5c

Frage 10: Hören - Sehen - Hören und Sehen - Hören, Sehen und selbst tun

Frage 11: a, c

Frage 12: b

Frage 13: d

Frage 14: b, d

N. Ausbildung abschließen I

(Die Anzahl der richtigen Antworten ist bei den Fragen angegeben.)

Frage 1: Ihr Auszubildender zum Fachlagerist Tim Karel muss zur Abschlussprüfung angemeldet werden. Wie läuft dieser Vorgang meist ab? (1 richtige Antwort)

a) Der Fachkundelehrer meldet Tim Karel im Auftrag der Berufsschule bei der zuständigen Stelle an.
b) Tim Karel muss sich selber bei der zuständigen Stelle zur Abschlussprüfung anmelden.
c) Der Ausbildungsbetrieb meldet zur Abschlussprüfung an. Die entsprechenden Formulare werden von der zuständigen Stelle zugeschickt.
d) Die IHK als zuständige Stelle nimmt die Anmeldung automatisch vor. Die entsprechenden Daten werden aus dem Berufsausbildungsvertrag übernommen.

Frage 2: Die Teilnahme an der Abschlussprüfung (AP) ist an Bedingungen geknüpft. Ordnen Sie entsprechend zu.

1. Eine bestandene Zwischenprüfung 2. Eine Teilnahme an der Zwischenprüfung 3. Eintragung des Berufsausbildungsverhältnisses in das Verzeichnis der zuständigen Stelle 4. Ableistung der erforderlichen Ausbildungsdauer	a) Voraussetzung für die Teilnahme an der AP b) Keine Voraussetzung für die Teilnahme an der AP

Frage 3: Die zuständige Stelle hält die Voraussetzung zur Teilnahme an der Abschlussprüfung für Tim Karel als nicht erfüllt. Wer entscheidet, ob Tim für die Prüfung zugelassen wird? (1 richtige Antwort)

a) Die zuständige Stelle, in diesem Fall der Ausbildungsberater der IHK.
b) Der Prüfungsausschuss
c) Das Direktorium der Berufsschule
d) Der Ausbildungsbetrieb, da er die Leistungsfähigkeit von Tim Karel am besten beurteilen kann.

Frage 4: Sonny Mikolewki ist eine sehr gute Auszubildende als Kauffrau im Einzelhandel. Ihr Berufsschulzeugnis nach Abschluss des zweiten Lehrjahres hat einen Durchschnitt von 1,7 in den Hauptfächern. Kurz nach Erhalt des Zeugnisses teilt Sonny dem Betrieb mit, dass sie ihre Ausbildungszeit verkürzen möchte. Welche Aussage ist richtig? (1 richtige Antwort)

a) Nein, eine Verkürzung ist nicht möglich. Dieses hätte schon bei Beginn des Ausbildungsverhältnisses beantragt werden müssen.
b) Nein, eine Verkürzung ist nicht möglich. Die Leistungen in der Berufsschule reichen dafür nicht aus.
c) Nein, der noch nötige Ausbildungsstoff ist ihr in der kurzen Zeit nicht zu vermitteln.
d) Ja, ihre Leistungen im Betrieb und in der Berufsschule sprechen für eine Verkürzung.

Frage 5: Die Auszubildende Sina Kiewel besteht ihre Abschlussprüfung mit dem letzten Prüfungsteil am 25. Juni. Die Ergebnisse werden ihr noch am gleichen Tag mitgeteilt. Ihr Ausbildungsvertrag läuft noch bis zum 31. Juli. Wann endet das Ausbildungsverhältnis? (1 richtige Antwort)

a) Am 25. Juni
b) Am 31. Juli
c) Am Tage der Freisprechung
d) Am Ende des Monats, in dem die letzte Prüfung stattfand. In diesem Fall am 30. Juni.

Situation zu den Fragen 6 - 9
In einigen Berufen gibt es eine „gestreckte Prüfung".

Frage 6: Welche Aussagen dazu sind richtig? (2 richtige Antworten)

a) Die schriftliche Abschlussprüfung wird über den Zeitraum von 2 Wochen gestreckt.
b) Die Abschlussprüfung wird in 2 Teile gegliedert. Teil 1 ersetzt die Zwischenprüfung.
c) Die Ergebnisse des ersten Teils der gestreckten Prüfung haben keinen Einfluss auf die Endnoten.
d) Die Prüfungsrisiken werden verteilt. Somit wird das Risiko einer „schlechten Tagesform" geringer.

Frage 7: Wodurch unterscheidet sich eine herkömmliche Zwischenprüfung vom ersten Teil der gestreckten Abschlussführung? (1 richtige Antwort)

a) Das Ergebnis der Zwischenprüfung geht in die Abschlussprüfung ein.
b) Das Ergebnis des Teil 1 der gestreckten Abschlussprüfung geht in die Abschlussprüfung ein.
c) Das Ergebnis der Zwischenprüfung geht genau wie der erste Teil der gestreckten Abschlussprüfung in die Abschlussprüfung ein.
d) Eine Zwischenprüfung findet auf freiwilliger Basis statt. Die Abschlussprüfungen sind Pflichtprüfungen.

Frage 8: Eine Auszubildende hat Teil 1 der Abschlussprüfung nicht bestanden. Sie möchte zeitnah Widerspruch einlegen. Wie ist die Lage? (1 richtige Antwort)

a) Ein Widerspruch kann ohne Angabe von Gründen durch den Ausbildungsbetrieb eingelegt werden.
b) Ein Widerspruch ist möglich, wenn der Prüfling unentschuldigt nicht an der Prüfung teilnimmt.
c) Ein Widerspruch ist erst möglich sobald ein Bescheid über das Bestehen oder Nichtbestehen der gesamten Prüfung vorliegt.
d) Ein Widerspruch ist auch bei Teilergebnissen der Abschlussprüfung möglich.

Frage 9: Wie wird der Prüfling über die Ergebnisse der gestreckten Abschlussprüfung informiert? (2 richtige Antworten)

a) Über die in Teil 1 erbrachten Leistungen erhält der Prüfling unmittelbar nach der Durchführung eine schriftliche Bescheinigung.
b) Über die Leistungen beim Teil 1 der Abschlussprüfung wird der Azubi nur bei einer mangelhaften Leistung informiert.
c) Das Prüfungsergebnis wird nach Beendigung von Teil 2 festgestellt. Die IHK / HWK teilt dem Prüfling unverzüglich mit, ob er die Prüfung bestanden hat.
d) Über die Prüfungsergebnisse wird zuerst der Ausbildungsbetrieb informiert. Dieser leitet das Ergebnis zeitnah an seine Auszubildenden weiter.

Frage 10: Welche Angaben zum Bewertungsschlüssel nach § 24 der Musterprüfungsordnung sind richtig? (2 richtige Antworten)

a) Unter 92 - 81 Punkte = Note 2
b) Unter 79 - 68 Punkte = Note 3
c) Unter 62 - 52 Punkte = Note 4
d) Unter 50 - 30 Punkte = Note 5

Frage 11: Der Auszubildenden Paula wird die Zulassung zur Abschlussprüfung verweigert. Welchen Grund kann das haben? (1 richtige Antwort)

a) Paula ist schon dreimal durch die Prüfung gefallen.
b) Paulas Ausbildungsbetrieb ist in Konkurs gegangen.
c) Paula ist durch die Zwischenprüfung gefallen.
d) Paulas Leistungen im Betrieb sind in der letzten Zeit ziemlich schlecht.

Frage 12: Alex Zuber hat an der Abschlussprüfung nicht teilgenommen. Auf Nachfrage gibt er keinen Grund an. Ein ärztliches Attest kann er auch nicht vorweisen. Kann Alex eine Verlängerung der Ausbildung verlangen? (1 richtige Antwort)

a) Ja, wenn er schriftlich versichert, dass er an der nächsten Prüfung teilnimmt.
b) Ja, die Teilnahme an Prüfungen ist nicht erforderlich.
c) Nein, da er ohne wichtigen Grund nicht an der Prüfung teilgenommen hat.
d) Die Entscheidung trifft die zuständige Stelle.

Frage 13: Ein Ausbildungsvertrag soll nach der Probezeit mit einer Frist von 4 Wochen durch eine ordentliche Kündigung beendet werden. Wer hat das Recht dazu? (1 richtige Antwort)

a) Der Auszubildende
b) Der Auszubildende und Ausbildende gemeinsam
c) Der Ausbildende
d) Der Ausbildende mit Genehmigung der zuständigen Stelle

Frage 14: Der Prüfungstermin für die Abschlussprüfung von Nina Mummel ist nur 26 Tage nach der Entbindung. Darf sie daran teilnehmen? (1 richtige Antwort)

a) Nein, da Mütter bis zum Ablauf von 8 Wochen nach der Geburt nicht beschäftigt werden dürfen (Beschäftigungsverbot laut Mutterschutzgesetz).
b) Nein, die Prüfungsordnung verbietet eine Gefährdung der jungen Mutter.
c) Ja, die Teilnahme an der Abschlussprüfung gilt nicht als Beschäftigung.
d) Nein, der Betrieb ist verpflichtet, die Teilnahme an der Prüfung zu verhindern.

Frage 15: Cedrik Moser möchte ein qualifiziertes Arbeitszeugnis haben. Selina Dingel bittet um Ausstellung eines einfachen Arbeitszeugnisses. Was ist zu tun? (1 richtige Antwort)

a) Die beiden sollen sich einigen, damit nur eine Art von Zeugnis ausgestellt werden muss.
b) Sie erstellen die Zeugnisse wie von den beiden Auszubildenden gewünscht.
c) Sie erstellen beiden ein einfaches Zeugnis. Zu mehr sind Sie nicht verpflichtet.
d) Sie erstellen das einfache Zeugnis. Für die Erstellung des qualifizierten Zeugnisses ist die Berufsschule zuständig.

Lösungen zu Block N

Frage 1: c

Frage 2: 1b, 2a, 3a, 4a

Frage 3: b

Frage 4: d

Frage 5: a

Frage 6: b, d

Frage 7: b

Frage 8: c

Frage 9: a, c

Frage 10: a, d

Frage 11: a

Frage 12: c

Frage 13: a

Frage 14: c

Frage 15: b

O. Ausbildung abschließen II

(Die Anzahl der richtigen Antworten ist bei den Fragen angegeben.)

Frage 1: Der Auszubildende Max Portimann fällt durch die Prüfung. Kann diese wiederholt werden? Wenn ja, wie oft? (1 richtige Antwort)

a) Nein, eine Wiederholung ist nicht möglich.
b) Ja, die Prüfung kann 1-mal wiederholt werden.
c) Ja, die Prüfung kann 2-mal wiederholt werden.
d) Ja, die Prüfung kann 3-mal wiederholt werden.

Frage 2: Max Portimann ist am 12.06. durch die Prüfung gefallen. Am 31.07. endet sein Ausbildungsvertrag. Er möchte seine Ausbildung bis zur nächsten Prüfung verlängern. Müssen Sie als Ausbildungsbetrieb das ermöglichen? (1 richtige Antwort)

a) Nein, Sie müssen der Verlängerung nicht zustimmen.
b) Ja, wenn Max Portimann das verlangt.
c) Die Entscheidung erfolgt durch den Ausbildungsberater der zuständigen Stelle.
d) Nein, da Sie damit rechnen, dass er die Wiederholungsprüfung auch nicht schaffen wird.

Frage 3: Max Portimann (siehe Aufgabe 2) möchte seine Ausbildung in dem Betrieb nicht weiterführen. Wann endet das Ausbildungsverhältnis? (1 richtige Antwort)

a) Am 12.06.
b) Am 30.06.
c) Das Ausbildungsverhältnis wird auf jeden Fall bis zum nächstmöglichen Prüfungstermin fortgesetzt.
d) Am 31.07.

Frage 4: Die Geschäftsführung hat entschieden, dem 17-jährigen Auszubildenden Julian vor Ablauf der Probezeit zu kündigen. Welche Aussagen dazu sind richtig? (2 richtige Antworten)

a) Die Kündigung kann nur mit Angabe eines wichtigen Grundes erfolgen.
b) Ein Kündigungsgrund muss nicht angegeben werden.
c) Die Kündigung muss schriftlich und gegenüber dem Erziehungsberechtigen erfolgen.
d) Die Kündigungsfrist von 4 Wochen muss eingehalten werden.

Frage 5: Die Geschäftsführung teilt Ihnen mit, dass aus wirtschaftlichen Gründen leider keine Auszubildenden in ein festes Arbeitsverhältnis übernommen werden können.
Welche Aussage dazu ist richtig? (1 richtige Antwort)

a) Der Ausbildungsvertrag endet mit Fristablauf oder bestandener Prüfung. Eine Kündigung ist nicht notwendig.
b) Sie müssen den Auszubildenden mit entsprechenden Fristen kündigen.
c) Sie müssen die Auszubildenden weiter beschäftigen, bis diese einen neuen Arbeitsplatz gefunden haben.
d) Sie sind verpflichtet, Auszubildende mindestens 6 Monate zu übernehmen.

Frage 6: Marcel Meier ist ein sehr guter Auszubildender. In der Berufsschule hat er einen Notendurchschnitt von 2,3. Was ist beim Antrag auf Verkürzung zu beachten? (2 richtige Antworten)

a) Die Prüfung soll nicht mehr als 6 Monate vor dem ursprünglichen Termin stattfinden.
b) Die Berufsschule entscheidet in der Lehrerkonferenz über den Antrag.
c) Der Antrag wird vom Auszubildenden bei der zuständigen Stelle gestellt.
d) Der Notendurchschnitt muss in den prüfungsrelevanten Fächern besser als 2,01 sein.

Frage 7: Ordnen Sie folgende Zeugniscodes zu.

1) … stets zu unserer vollen Zufriedenheit.	a) Sehr gut – Note 1
2) … hat sich bemüht, den Anforderungen gerecht zu werden.	b) Gut – Note 2
3) … stets zu unserer vollsten Zufriedenheit.	c) Befriedigend – Note 3
4) … zu unserer vollen Zufriedenheit.	d) Ausreichend – Note 4
5) … zu unserer Zufriedenheit.	e) Mangelhaft – Note 5

Frage 8: Muss der Ausbildungsbetrieb dem Auszubildenden ein Zeugnis ausstellen? (1 richtige Antwort)

a) Nein, diesen weiteren Aufwand kann man nicht verlangen.
b) Nein, das Zeugnis wird durch die Berufsschule ausgestellt.
c) Nein, aber auf freiwilliger Basis kann der Betrieb ein Ausbildungszeugnis ausstellen.
d) Ja, der Betrieb ist verpflichtet, ein Zeugnis auszustellen.

Frage 9: Was ist der Unterschied zwischen einem "normalen Arbeitszeugnis" und einem "qualifizierten Arbeitszeugnis"? (1 richtige Antwort)

a) Das qualifizierte Arbeitszeugnis enthält zusätzlich Angaben über Verhalten und Leistung des Auszubildenden.
b) Das qualifizierte Arbeitszeugnis wird zusätzlich vom zuständigen Ausbilder unterschrieben.
c) Das qualifizierte Arbeitszeugnis enthält eine genaue Beschreibung der Ausbildungsinhalte.
d) Das qualifizierte Arbeitszeugnis enthält Angaben über die körperliche Leistungsfähigkeit und die Krankheitstage.

Frage 10: Wer unterschreibt das Ausbildungszeugnis? (1 richtige Antwort)

a) Der Auszubildende
b) Der Ausbildende und evtl. der verantwortliche Ausbilder
c) Der Ausbilder und ein Vertreter der Berufsschule
d) Der Ausbilder und der Auszubildende

Situation zu den Fragen 11 - 12
Die Auszubildenden Cedrik Müller und Beate Weinrich haben ihre Ausbildungen beendet.

Frage 11: Sie werden beauftragt ein Arbeitszeugnis auszustellen. Beate Weinrich wünscht ein qualifiziertes Zeugnis. Welcher Text weist auf ein qualifiziertes Ausbildungszeugnis hin? (1 richtige Antwort)

a) Das Einzelhandelsgeschäft Herrmann ist seit über 80 Jahren in Neustadt tätig.
b) Frau Beate Weinrich hat ihre Ausbildung am 25.08… mit Erfolg abgeschlossen.
c) Frau Weinrich wurde im dritten Lehrjahr in der Filiale in Oldenburg eingesetzt.
d) Frau Weinrich hat im dritten Ausbildungsjahr die Filiale in Oldenburg in Abwesenheit der Filialleiterin zu unserer vollen Zufriedenheit geführt. Sie konnte durch neue Ideen überzeugen.

Frage 12: Leider kann Cedrik Müller nach der Ausbildung nicht übernommen werden. Welche Aussagen sind richtig? (2 richtige Antworten)

a) Sie müssen nicht kündigen, da der Ausbildungsvertrag ein befristeter Vertrag ist.
b) Sie müssen Cedrik Müller 3 Monate vor Beendigung der Ausbildung schriftlich kündigen.
c) Sie müssen Cedrik Müller in ein festes Arbeitsverhältnis übernehmen, wenn Sie nicht fristgerecht gekündigt haben.
d) Sie sollten Cedrik Müller rechtzeitig informieren, damit er auf dem Arbeitsmarkt aktiv werden kann.

Frage 13: Sie erfahren, dass die IHK Prüfer für die Abschlussprüfung sucht. Da Sie seit 6 Jahren für die Ausbildung der Verkäufer/innen verantwortlich sind, interessieren Sie sich für diese Tätigkeit. Sie möchten jedoch wissen, wer die Kosten für Ihre Tätigkeit als Prüfer trägt. (1 richtige Antwort)

a) Sie haben mit 6 Jahren noch nicht genügend Praxis für die Tätigkeit als Prüfer gesammelt.
b) Für Auslagen und für die Prüfungszeit erhalten Sie als Prüfer von der zuständigen Stelle eine Entschädigung.
c) Ihr Arbeitgeber hat für alle Kosten aufzukommen, da in Ihrem Betrieb ausgebildet wird.
d) Als Prüfer tragen Sie die Kosten selber.

Frage 14: Welche Vorteile ergeben sich aus einer Tätigkeit als Prüfer? (2 richtige Antworten)

a) Sie bekommen die Prüfungsfragen vorab und können somit den eigenen Auszubildenden Tipps zur Prüfung geben.
b) Sie können Erfahrungen mit anderen Prüfern austauschen.
c) Sie erhalten Informationen zum Ablauf von Prüfungen und zur Entwicklung des Berufes.
d) Sie können Einfluss auf die Benotung Ihrer Auszubildenden nehmen.

Frage 15: In welchem Gesetz ist die finanzielle Förderung in der beruflichen Fortbildung geregelt? (1 richtige Antwort)

a) Berufsbildungsgesetz (BBiG)
b) Bürgerliches Gesetzbuch (BGB)
c) Handelsgesetzbuch (HGB)
d) Sozialgesetzbuch (SGB III)

Lösungen zu Fragenblock O

Frage 1: c

Frage 2: b

Frage 3: d

Frage 4: b, c

Frage 5: a

Frage 6: a, c

Frage 7: 1b, 2e, 3a, 4c, 5d

Frage 8: d

Frage 9: a

Frage 10: b

Frage 11: d

Frage 12: a, d

Frage 13: b

Frage 14: b, c

Frage 15: d

P. Ausbildung abschließen III

(Die Anzahl der richtigen Antworten ist bei den Fragen angegeben.)

Situation zu den Fragen 1 - 4
Die Auszubildenden Jonas Frahm und Esra Womir haben in diesem Jahr ihre Abschlussprüfungen und haben Fragen dazu.

Frage 1: Woher bekommen sie Infos zu den Prüfungsanforderungen? (1 richtige Antwort)

a) Betrieblicher Ausbildungsplan
b) Prüfungsordnung der zuständigen Stelle (IHK, HWK)
c) Inhalte im Berichtsheft
d) Ausbildungsordnung

Frage 2: Esra Womir überlegt, nach ihrer Ausbildung im englischsprachigen Ausland zu arbeiten. Sie möchte, dass ihr Prüfungszeugnis zusätzlich auf Englisch ausgestellt wird. Kann sie das verlangen? (1 richtige Antwort)

a) Nein, Prüfungszeugnisse dürfen nur von selbständigen Übersetzern übersetzt werden.
b) Nein, dieser Aufwand ist den Handelskammern und Handwerkskammern nicht zuzumuten.
c) Ja, dem Zeugnis ist auf Antrag des Auszubildenden eine englischsprachige und eine französischsprachige Übersetzung beizufügen. (Berufsbildungsgesetz, § 37 Abschlussprüfung)
d) Nein, es ist nicht gewünscht, dass Fachkräfte nach der Ausbildung im Ausland arbeiten (Fachkräftemangel).

Frage 3: Jonas Frahm möchte seine Prüfung mit mindestens gut bestehen. Sollte das Ergebnis schlechter ausfallen, möchte er die Prüfung wiederholen. Was antworten Sie Jonas? (1 richtige Antwort)

a) Eine nochmalige Prüfung, um die Noten zu verbessern, ist nicht möglich.
b) Zur Notenverbesserung kann eine Prüfung einmalig wiederholt werden. Es gilt dann das Ergebnis der Wiederholungsprüfung.
c) Zur Notenverbesserung kann eine Prüfung einmalig wiederholt werden. Es gilt dann das bessere Ergebnis der beiden Prüfungen.
d) Eine nochmalige Prüfung ist mit Zustimmung des Ausbildungsbetriebes möglich.

Frage 4: Jonas Frahm möchte wissen, ob er trotz einer Krankschreibung an der Prüfung teilnehmen könnte. (2 richtige Antworten)

a) Eine Teilnahme an der Prüfung ist bei einer Krankschreibung nicht möglich, da in diesem Fall kein Unfall- und Krankenversicherungsschutz besteht.
b) Eine Teilnahme ist grundsätzlich möglich. Kranken- und Unfallversicherung bestehen fort.
c) Bei Teilnahme trotz Krankheit kann der Prüfling sich nicht hinterher auf die Krankheit berufen. Das Prüfungsergebnis ist dann zu akzeptieren.
d) Eine Teilnahme bei Krankheit ist nur bei der schriftlichen Prüfung möglich. Bei einer praktischen Prüfung ist die Teilnahme bei Krankheit generell ausgeschlossen.

Situation zu den Fragen 5 - 6
Jonas Petrelli hat den ersten Teil seiner Abschlussprüfung im Mai absolviert. Am zweiten Teil der Prüfung am 16. Juni konnte er wegen Krankheit nicht teilnehmen.

Frage 5: Wie sollte sich Jonas bezüglich der Krankmeldung verhalten? (2 richtige Antworten)

a) Jonas muss sich nur beim Ausbildungsbetrieb melden und dort mitteilen, dass er krankheitsbedingt nicht an der Prüfung teilnimmt. Der Ausbildungsbetrieb informiert innerhalb von 7 Tagen die zuständigen Stellen.
b) Der Rücktritt muss rechtzeitig vor Beginn der Prüfung und durch schriftliche Erklärung erfolgen.
c) Eine Arbeitsunfähigkeitsbescheinigung ist ausreichend.
d) Bei Krankheit ist ein ärztliches Attest erforderlich.

Frage 6: Jonas möchte den Ausbildungsvertrag nicht verlängern, obwohl er durch Krankheit nicht an der Abschlussprüfung teilnehmen konnte. Wann endet das Ausbildungsverhältnis? (1 richtige Antwort)

a) Das Ausbildungsverhältnis endet sofort durch eine außerordentliche Kündigung.
b) Das Ausbildungsverhältnis verlängert sich automatisch. Eine Kündigung vor Erreichung des Ausbildungszieles ist nicht möglich.
c) Um das Ausbildungsverhältnis zu beenden, ist eine ordentliche Kündigung durch den Betrieb erforderlich.
d) Das Ausbildungsverhältnis endet durch Ablauf der vertraglich vereinbarten Ausbildungszeit.

Frage 7: Wie ist nach Maßgabe des BBiG der Prüfungsausschuss zusammengesetzt? (2 richtige Antworten)

a) Die berufsbildenden Schulen sind mit mindestens einer Lehrkraft vertreten.
b) Er besteht aus mindestens 4 Personen.
c) Die Arbeitgeber und Arbeitnehmer stellen die gleiche Anzahl an Prüfern.
d) Der Vorsitzende des Prüfungsausschusses wird von der zuständigen Stelle (z. B. IHK) bestimmt.

Frage 8: Welche Aufgaben hat der Prüfungsausschuss im Normalfall? (2 richtige Antworten)

a) Ausstellen einer Bescheinigung bei Nicht-Bestehen.
b) Erstellung eines Protokolls über den Prüfungsablauf.
c) Entwerfen der Fragen für die schriftliche Prüfung.
d) Einladung der Prüflinge.

Frage 9: Ordnen Sie folgende Symptome von Prüfungsangst entsprechend zu.

1) Konzentrationsschwäche 2) Bauchschmerzen 3) Denkblockade 4) Hoffnungslosigkeit 5) Schwindel	a) Physischer Bereich b) Psychischer Bereich

Frage 10: Welche Maßnahmen können zum Abbau von Prüfungsängsten beitragen? (2 richtige Antworten)

a) Weisen Sie den Auszubildenden möglichst häufig auf die nahende Prüfung hin.
b) Bauen Sie Vertrauen in die eigene Leistungsfähigkeit des Auszubildenden auf.
c) Planen Sie mit dem Auszubildenden die Prüfungsvorbereitung zusammen.
d) Vergeben Sie bei Erfolgskontrollen zum Lernanreiz schlechte Noten.

Situation zu den Fragen 11 - 13
Sie arbeiten in einem großen Betrieb und betreuen Lehrlinge in allen Ausbildungsjahrgängen gemeinsam mit einer Kollegin.

Frage 11: Carl Ewal ist durch die Abschlussprüfung zum 2. Mal gefallen und hat große Angst bei der Wiederholung erneut zu versagen und den Abschluss nicht zu schaffen. Was könnte zu seiner Beruhigung beitragen? (2 richtige Antworten)

a) Die Mitarbeit in einer festen Lerngruppe, wo das dritte Ausbildungsjahr dem ersten Ausbildungsjahr hilft.
b) Sie sprechen mit dem Vater von Carl, der in derselben Branche arbeitet und hofft, sich bald aus dem Betrieb zurückziehen zu können, wenn Carl (endlich) fertig ist.
c) Sie weisen Carl immer wieder auf die Themen hin, die schief gelaufen sind. Alle Lernkontrollen konzentrieren sich ausschließlich auf seine schwachen Themen.
d) Ihre Kollegin bietet verpflichtend für alle Azubis autogenes Training an, mit einem Schwerpunkt Atmung.

Frage 12: Sie wollen, dass alle Auszubildenden in ihrem Betrieb mit Angstsymptomen einen besseren Umgang erlernen. Dazu bieten Sie eine interne Fortbildung „Mit Angst sicher siegen" an. Ordnen Sie die Aussagen entsprechend zu.

1) Es ist wichtig, kurz vor den Prüfungen nur noch zu lernen und möglichst keine Ablenkung durch Sport oder Freunde zuzulassen.	
2) Ein wenig Lampenfieber erhöht die Aufmerksamkeit und Konzentration.	
3) Prüfungsangst ist eine Stressreaktion des Körpers, die u. a. hormonell gesteuert ist.	a) Richtig
4) Angst ist ein negatives Gefühl und sollte auf jeden Fall vermieden werden.	b) Falsch
5) Verschiedene Angstreaktionen ansprechen und Reaktionsmöglichkeiten durchsprechen (Umgang mit Symptomen lernen).	
6) Ideen sammeln, wie sich die Auszubildenden selbst Mut machen / beruhigen können.	

Frage 13: Mangelndes Selbstwertgefühl und Prüfungsangst treten oft gemeinsam auf. Wie lässt sich das Selbstwertgefühl grundsätzlich steigern? (2 richtige Antworten)

a) Ermuntern Sie die Auszubildenden sich möglichst oft mit anderen zu vergleichen.
b) Machen Sie ihnen klar, dass Teilerfolge unbedeutend sind, wenn man das große Ziel nicht packt.
c) Ermuntern Sie die Auszubildenden zu Positivem Denken und Autosuggestion („ich schaff das", „ich habe ausreichend gelernt", ...).
d) Machen Sie ihnen klar, dass man aus Fehlern lernen kann und geben Sie ihnen die Zuversicht, dass sie mit ihren Aufgaben wachsen werden.

Frage 14: Zwei Ihrer Auszubildenden sind durch die Abschlussprüfungen gefallen. Wie können Sie Philip und Maren helfen sich auf die Wiederholungsprüfung vorzubereiten? Ordnen Sie zu.

1) Loben Sie dennoch die erbrachten, teilweise guten Leistungen von Philip und Maren in den Abschlussprüfungen. 2) Da Sie mal gehört haben, dass Loben nichts bringt, setzen Sie auf Kontrolle, Druck und Einschüchterung. Vielleicht haben die beiden Sie und die Prüfung nicht genug ernst genommen. 3) Setzen Sie sich mit beiden zusammen und besprechen Sie Lücken und Stärken der jeweiligen Person. 4) Simulieren Sie zwei Tage nach der Abschlussprüfung erneut eine Prüfungssituation und kritisieren Sie jeden winzigen Fehler aufs Schärfste. 5) Ermuntern Sie die beiden zusammen zu lernen und sich gegenseitig zu unterstützen.	a) Hilfreich b) Nicht hilfreich

Frage 15: Maren hat große Schwierigkeiten im theoretischen Teil, Philips Schwierigkeiten liegen eher in der praktischen Umsetzung der Theorie. Wie gehen Sie damit am besten um? (2 richtige Antworten)

a) Sie überlassen beide Auszubildenden sich selbst. Schließlich sind diese erwachsen und wissen, was sie verkehrt gemacht haben.
b) Maren besorgen Sie ältere Prüfungsaufgaben und gehen mit ihr die Lösungen durch.
c) Sie behandeln beide Auszubildenden gleich und bereiten sie gemeinsam vor, da es zeiteffizienter für Sie ist.
d) Für Philip gibt es vermehrt Aufgaben in den kommenden Wochen aus dem haptischen/ motorischen Lernbereich.

Lösungen zu Fragenblock P

Frage 1: d

Frage 2: c

Frage 3: a

Frage 4: b, c

Frage 5: b, d

Frage 6: c

Frage 7: a, c

Frage 8: a, b

Frage 9: 1b, 2a, 3b, 4b, 5a

Frage 10: b, c

Frage 11: a, d

Frage 12: 1b, 2a, 3a, 4b, 5a, 6a

Frage 13: c, d

Frage 14: 1a, 2b, 3a, 4b, 5a

Frage 15: b, d

Q. Ausbildung abschließen IV

Situation zu den Fragen 1 - 3
Die Umsatzzahlen des Stadthotels in Aachen waren die letzten Jahren stark rückläufig. Eine Insolvenz steht vor der Tür und die Betriebsführung wird durch einen Insolvenzverwalter übernommen.

Frage 1: Was bedeutet ein Insolvenzverfahren für die 3 Auszubildenden des Betriebes? (2 richtige Antworten)

a) Die Ausbildungsverträge werden mit der Eröffnung des Insolvenzverfahrens gekündigt.
b) Auszubildende genießen weiterhin einen besonderen Kündigungsschutz nach dem Berufsbildungsgesetz (BBIG).
c) Die Auszubildenden müssen bei der örtlichen Agentur für Arbeit Insolvenzgeld beantragen.
d) Der Insolvenzverwalter tritt in alle Rechte und Pflichten des Arbeitgebers ein und führt somit die Ausbildung ordnungsgemäß weiter.

Frage 2: Leider gelingt es dem Insolvenzverwalter nicht, den Betrieb in die schwarzen Zahlen zu bringen. Auch ein Verkauf des Stadthotels scheitert. Das Hotel wird geschlossen. Welche Auswirkungen hat das für den weiteren Verlauf der Ausbildung? (2 richtige Antworten)

a) Die zuständige Stelle für die Berufsausbildung (IHK, HWK) sollte eingeschaltet werden. So kann evtl. ein Betrieb gefunden werden, der die Auszubildenden übernimmt.
b) Es gibt keine Auswirkungen für die Auszubildenden. Die Ausbildung wird auch bei einer Stilllegung des Betriebes weitergeführt.
c) Die Auszubildenden sollten einen Aufhebungsvertrag unterzeichnen.
d) Der Insolvenzverwalter kann den Auszubildenden ordentlich mit einer Frist von 3 Monaten zum Monatsende kündigen. Rechtsgrundlage ist in diesem Fall die Insolvenzordnung.

Frage 3: Das privat geführte Hotel Malzer in Aachen überlegt, 2 Auszubildende zu übernehmen. Welche Vorteile könnten sich für das Hotel Malzner ergeben? (2 richtige Antworten)

a) Es ist eine Maßnahme, um den Fachkräftebedarf in der Zukunft zu decken.
b) Es können auf diese Weise zwei ausgelernte Arbeitnehmer eingespart werden.
c) Es gibt evtl. Fördermöglichkeiten für die Übernahme von Auszubildenden aus Insolvenzbetrieben.
d) Die Ausbildungsvergütung braucht bis zur Abschlussprüfung nicht gezahlt werden.

Situation zu den Fragen 4 - 8
Simon Engler möchte seine Ausbildung aufgrund guter Leistungen um ein halbes Jahr verkürzen.

Frage 4: Welche Voraussetzungen müssen für eine Verkürzung vorliegen? (1 richtige Antwort)

a) Die schulischen Leistungen in den prüfungsrelevanten Fächern oder Lernfeldern dürfen nicht schlechter als der Durchschnitt sein.
b) Auszubildende können nach Anhörung der Ausbildenden und der Berufsschule vor Ablauf ihrer Ausbildungszeit zur Abschlussprüfung zugelassen werden, wenn ihre Leistungen dies rechtfertigen.
c) Es muss mindestens ein mittlerer Schulabschluss mit einer Durchschnittsnote von 3 vorliegen.
d) Dem Ausbildungsbetrieb darf durch die vorzeitige Abschlussprüfung kein Nachteil entstehen.

Frage 5: Was ist bei der Antragstellung zur Zulassung für eine vorzeitige Abschlussprüfung zu beachten? (2 richtige Antworten)

a) Es sind die Anmeldefristen der zuständigen Stelle zu beachten.
b) Der Antrag muss vom Ausbildungsbetrieb nach Hörung des zuständigen Ausbilders gestellt werden.
c) Der Antrag muss vom Auszubildenden, in diesem Fall Simon Engler, gestellt werden.
d) Der Antrag wird von der Berufsschule nach Anhörung aller zuständigen Ausbilder und Lehrer bei der zuständigen Stelle gestellt.

Frage 6: Der Antrag auf eine vorzeitige Abschlussprüfung wird durch die zuständige Stelle genehmigt. Die Prüfung findet 6 Monate früher statt. Welche Auswirkungen hat das auf den Ausbildungsvertrag? (1 richtige Antwort)

a) Der Ausbildungsvertrag bleibt unberührt.
b) Der vorhandene Ausbildungsvertrag wird handschriftlich geändert. Die Änderung ist von den Vertragspartnern zu unterschreiben.
c) Es muss ein neuer Ausbildungsvertrag mit den geänderten Ausbildungsdaten erstellt werden.
d) Die Änderung des Ausbildungsvertrages wird automatisch durch die zuständige Stelle (IHK, HWK) durchgeführt.

Frage 7: Simon Engler besteht die vorzeitige Abschlussprüfung. Wann endet das Ausbildungsverhältnis? (1 richtige Antwort)

a) Mit Ablauf des Ausbildungsvertrages.
b) Zum Zeitpunkt des regulären Abschlussprüfungstermins, wenn die Ausbildung nicht verkürzt worden wäre.
c) Mit Bekanntgabe des Prüfungsergebnisses.
d) 4 Wochen nach Bekanntgabe des Prüfungsergebnisses aufgrund der vorgezogenen Prüfung.

Frage 8: Simon Engler besteht die vorzeitige Abschlussprüfung wider Erwarten nicht. Welche Aussagen sind richtig? (2 richtige Antworten)

a) Der Ausbildungsvertrag besteht weiterhin fort.
b) Der Ausbildungsvertrag wird nach der erfolglosen vorzeitigen Abschlussprüfung beendet.
c) Bei Fortsetzung der Ausbildung ist eine Verlängerung des Ausbildungsvertrages zu beantragen.
d) Für eine nochmalige Prüfung ist ein Antrag auf Anmeldung zur Wiederholungsprüfung zu stellen.

Situation zu den Fragen 9 - 11

Auszüge aus dem Sozialgesetzbuch (SGB III)

§ 30 SGB III Berufsberatung
Die Berufsberatung umfasst die Erteilung von Auskunft und Rat
1. zur Berufswahl, zur beruflichen Entwicklung und zum Berufswechsel,
2. zur Lage und Entwicklung des Arbeitsmarktes und der Berufe,
3. zu den Möglichkeiten der beruflichen Bildung,
4. zur Ausbildungs- und Arbeitsstellensuche,
5. zu Leistungen der Arbeitsförderung,
6. zu Fragen der Ausbildungsförderung und der schulischen Bildung, soweit sie für die Berufswahl und die berufliche Bildung von Bedeutung sind.

§ 38 SGB III Rechte und Pflichten der Ausbildung- und Arbeitsuchenden
(1) Personen, deren Ausbildungs- oder Arbeitsverhältnis endet, sind verpflichtet, sich spätestens drei Monate vor dessen Beendigung persönlich bei der Agentur für Arbeit arbeitsuchend zu melden. Liegen zwischen der Kenntnis des Beendigungszeitpunktes und der Beendigung des Ausbildungs- oder Arbeitsverhältnisses weniger als drei Monate, haben sie sich innerhalb von drei Tagen nach Kenntnis des Beendigungszeitpunktes zu melden. Zur Wahrung der Frist nach den Sätzen 1 und 2 reicht eine Anzeige unter Angabe der persönlichen Daten und des Beendigungszeitpunktes aus, wenn die persönliche Meldung nach terminlicher Vereinbarung nachgeholt wird. …

Frage 9: Keno Michel (20) ist im letzten Ausbildungsjahr als Kfz-Mechatroniker und hat in 6 Wochen den letzten Teil seiner Prüfung. Er erhält auf Nachfrage die Antwort, dass er leider nicht übernommen werden kann. Wann muss Keno Michel sich spätestens arbeitslos melden? (1 richtige Antwort)

a) Keno muss sich 3 Monate vor Beendigung des Ausbildungsverhältnisses arbeitslos melden.
b) Keno Michel muss sich innerhalb von drei Tagen arbeitslos melden, da zwischen der Kenntnis des Beendigungszeitpunktes des Ausbildungsverhältnisses weniger als drei Monate liegen.
c) Eine Arbeitslosmeldung entfällt, da Keno nicht rechtzeitig durch den Betrieb gekündigt wurde und somit in ein unbefristetes Arbeitsverhältnis übernommen wurde.
d) Die Arbeitslosmeldung von Auszubildenden wird durch den Betrieb vorgenommen.

Frage 10: Keno Michel möchte sich fristgerecht telefonisch arbeitslos melden. Ist das möglich oder muss er persönlich erscheinen? (2 richtige Antworten)

a) Es ist auch möglich sich telefonisch oder online arbeitslos zu melden.
b) Die persönliche Meldung wird nach terminlicher Vereinbarung nachgeholt.
c) Eine telefonische Arbeitslosmeldung ist nicht möglich.
d) Eine telefonische Arbeitslosmeldung ist möglich. Er muss innerhalb von 3 Tagen persönlich vorstellig werden.

Frage 11: Seine Freundin Anne Behl (19), die vor einem Jahr die gemeinsame Tochter auf die Welt gebracht hat, möchte gern ihre eigene Ausbildung beenden. Beide wissen allerdings nicht, wie sie das finanziell bewerkstelligen sollen. Wie sollten Keno Michel und Anne Behl vorgehen? Haben sie einen Anspruch auf Beratung? (2 richtige Antworten)

a) Einen Anspruch auf Berufsberatung steht Ihnen nicht zu, da sie nach § 30 SGB III die Berufswahl schon abgeschlossen haben.
b) Sie sollten sich bei der Bundesagentur für Arbeit einen Termin zur Beratung geben lassen und sich nach Förderungsmöglichkeiten erkundigen.
c) Eine Beratung ist in diesem Fall nicht möglich, da beide schon volljährig sind.
d) Berufsberatung steht beiden nach §30 SGB III zu.

Situation zu den Fragen 12 - 15
Esra Borchert steht vor ihrer Abschlussprüfung als Kauffrau für Büromanagement. Sie soll nach bestandener Prüfung vom Betrieb übernommen werden. Sie möchte sich über Weiterbildungsangebote in der Firma informieren.

Frage 12: Warum wird Weiterbildung im Beruf für Arbeitnehmer/-innen immer wichtiger? (1 richtige Antwort)

a) Die körperliche Fitness / Kondition wird gesteigert.
b) Durch Arbeitszeitverkürzung steht immer weniger Zeit für die betrieblichen Aufgaben zur Verfügung.
c) Die Kenntnisse müssen der schneller werdenden technischen Entwicklung angepasst werden.
d) Durch Weiterbildung im Beruf erhöht sich der Urlaubsanspruch.

Frage 13: In der nächsten Woche findet eine Weiterbildung statt, die sich mit der Einführung einer neuen E-Mail Software befasst. Wie wird diese Art der Fortbildung genannt? (1 richtige Antwort)

a) Gruppenfortbildung
b) Aufstiegsfortbildung
c) Erhaltungsfortbildung
d) Anpassungsfortbildung

Frage 14: Welches sind Kennzeichen einer Aufstiegsfortbildung? (2 richtige Antworten)

a) Eine Prüfung am Ende der Maßnahme findet nicht statt.
b) Die Maßnahme führt zu einer höheren Qualifikation.
c) Nach der Weiterbildung wird eine höhere Aufgabe im selben oder einem anderen Betrieb angestrebt.
d) Die Fortbildung erstreckt sich über einen Zeitraum von höchstens einer Woche.

Frage 15: Esra möchte gerne noch 2 bis 3 Jahre praktische Erfahrung sammeln und sich dann weiterbilden zur staatlich geprüften Betriebswirtin. Welche Aussagen dazu sind richtig? (2 richtige Antworten)

a) Eine Weiterbildung zur staatlich geprüften Betriebswirtin ist nur mit Fachhochschulreife oder Abitur möglich.
b) Die Weiterbildung ist Voraussetzung, um als Ausbilder für kaufmännische Berufe eingesetzt zu werden.
c) Es handelt sich um eine Aufstiegsfortbildung.
d) Die Weiterbildung dauert länger als die zur Fachwirtin. In Vollzeit sind dafür 2 Jahre einzuplanen. In Teilzeit oder als Fernunterricht ist mit 3 bis 4 Jahren zu rechnen.

Lösungen zu Fragenblock Q

Frage 1: b, d

Frage 2: a, d

Frage 3: a, c

Frage 4: b

Frage 5: a, c

Frage 6: a

Frage 7: c

Frage 8: a, d

Frage 9: b

Frage 10: a, b

Frage 11: b, d

Frage 12: c

Frage 13: d

Frage 14: b, c

Frage 15: c, d

R. Mitbestimmung / Betriebsrat I

(Die Anzahl der richtigen Antworten ist bei den Fragen angegeben.)

Frage 1: In welchen Abständen werden der Betriebsrat und die Jugend- und Auszubildendenvertretung gewählt?

1. Betriebsrat	a) Alle 2 Jahre
	b) Alle 3 Jahre
2. Jugend- und Auszubildendenvertretung	c) Alle 4 Jahre
	d) Alle 5 Jahre

Frage 2: Wer nimmt an der Betriebsversammlung teil? (1 richtige Antwort)

a) Nur die Gewerkschaftsmitglieder des Betriebes
b) Nur die Gewerkschaftsmitglieder und die gewählten Betriebsräte
c) Alle Mitarbeiter des Betriebes
d) Die Geschäftsleitung und der Betriebsrat

Frage 3: Einem Arbeitnehmer wird gekündigt, ohne den Betriebsrat zu hören. Welche Aussage ist richtig? (1 richtige Antwort)

a) Die Kündigung ist wirksam. Die Geschäftsführung braucht den Betriebsrat nicht hinzuzuziehen.
b) Die Kündigung ist nicht wirksam. Kündigungen nimmt nur der Betriebsrat vor.
c) Die Kündigung ist nicht wirksam, da laut Betriebsverfassungsgesetz der Betriebsrat zu hören ist.
d) Die Kündigung ist wirksam, wenn der Betriebsrat zuvor informiert wurde.

Frage 4: Wer vertritt bei Tarifverhandlungen die Interessen der Arbeitnehmer? (1 richtige Antwort)

a) Der Betriebsrat der Unternehmen
b) Die zuständige Gewerkschaft
c) Die Sozialversicherungsverbände
d) Die Berufsgenossenschaft

Frage 5: Der Betriebsrat hat Mitbestimmungsrechte. In welchem Fall trifft dies zu? (1 richtige Antwort)

a) Die Bilanz des Unternehmens soll unterschrieben werden.
b) Der Gewinn der Gesellschaft soll verteilt werden.
c) Ein neuer leitender Mitarbeiter soll eingestellt werden.
d) Es sollen betriebliche Weiterbildungsmaßnahmen durchgeführt werden.

Frage 6: Die Pausenzeiten sollen geändert werden. Welches Recht hat der Betriebsrat? (1 richtige Antwort)

a) Der Betriebsrat hat ein Mitbestimmungsrecht.
b) Der Betriebsrat hat kein Mitbestimmungsrecht.
c) Der Betriebsrat hat ein Informationsrecht.
d) Der Betriebsrat bestimmt allein über die Pausenregelung nach dem Alleinvertretungsrecht.

Frage 7: Welche Aussagen zur Jugend- und Auszubildendenvertretung (JAV) sind zutreffend?

1. Mitglieder des Betriebsrates können nicht zu Jugend- und Auszubildendenvertretern gewählt werden.	
2. Das Betriebsverfassungsgesetz schreibt eine gerade Anzahl an JAV-Mitgliedern vor.	a) Zutreffend
3. Die Wahlen finden in einem Zeitraum vom 1. Oktober bis 30. November statt.	b) Nicht zutreffend
4. Bei 21 bis 50 Wahlberechtigten sind 4 Vertreter in die JAV zu wählen.	
5. Die Sitzungen der Jugend- und Auszubildendenvertretung sind öffentlich.	

Frage 8: In welchem Fall wird die Maßnahme erst durch Zustimmung des Betriebsrates wirksam? (1 richtige Antwort)

a) Es sollen neue langfristige Kredite aufgenommen werden.
b) Die Betriebsferien / Werksferien werden festgelegt.
c) Es sollen neue Firmenwagen für die Verkaufsabteilung angeschafft werden.
d) Die Bonuszahlungen für die Vorstände / Geschäftsführung werden neu festgelegt.

Frage 9: Wie lange dürfen Arbeitnehmer unter 18 Jahren ohne Pause höchstens arbeiten? (1 richtige Antwort)

a) 4,5 Stunden b) 3 Stunden c) 4 Stunden d) 6 Stunden

Frage 10: Sie möchten in Ihre Personalakte einsehen. Auf welches Gesetz können Sie sich beziehen? (1 richtige Antwort)

a) Das Bürgerliche Gesetzbuch (BGB)
b) Das Handelsgesetzbuch (HGB)
c) Die Betriebsvereinbarung
d) Das Betriebsverfassungsgesetz

Frage 11: Ordnen Sie die Rechtsgrundlagen entsprechend zu.

1) Eine Kündigung ohne die Anhörung des Betriebsrates ist unwirksam.	a) Jugendarbeitsschutzgesetz
2) Die regelmäßige wöchentliche Arbeitszeit im Elektrohandwerk in Hessen beträgt 38,5 Stunden.	b) Tarifvertrag
3) Eine Kündigungsschutzklage muss innerhalb von 3 Wochen eingereicht werden.	c) Kündigungsschutzgesetz
4) Ein Entgeltausfall darf durch den Besuch der Berufsschule nicht eintreten.	d) Betriebsverfassungsgesetz
	e) Jugendschutzgesetz
	f) Mutterschutzgesetz

Frage 12: Wer trägt die Kosten für die Wahl des Betriebsrates? (1 richtige Antwort)

a) Der Staat
b) Der Arbeitgeber
c) Die Gewerkschaft
d) Der Betriebsrat

Frage 13: Sie sind Ausbilder in einer Bäckerei mit 82 Mitarbeitern, davon 12 Auszubildende. Neben dem Betriebsrat gibt es auch eine Jugend- und Auszubildendenvertretung. Für das neue Ausbildungsjahr möchten Sie von 10 Bewerbungen 3 neue Azubis einstellen. Wer ist dabei zu beteiligen oder zu informieren? (2 richtige Antworten)

a) Inhaber b) Gewerkschaft c) Betriebsrat d) Buchhaltung

Situation zu den Fragen 14 - 15
In Ihrem Betrieb sind 120 Mitarbeiter beschäftigt inkl. 4 jugendliche Mitarbeiter /-innen. Zusätzlich sind 7 Auszubildende im Alter von 16 bis 29 Jahren im Betrieb tätig. Es ist ein Betriebsrat vorhanden, der eine Jugend- und Auszubildendenvertretung gründen möchte.

Frage 14: Ist das möglich? (1 richtige Antwort)

a) Nein, die Gründung der Jugend- und Auszubildendenvertretung ist nicht möglich, da es schon einen Betriebsrat gibt.
b) Ja, es sind mehr als 5 Auszubildende beschäftigt.
c) Nein, die Anzahl der Auszubildenden reicht nicht aus.
d) Nein, die Anzahl der jugendlichen Mitarbeiter/-innen reicht nicht aus.

Frage 15: Welche Auszubildenden können in die Jugend- und Auszubildendenvertretung gewählt werden? (1 richtige Antwort)

a) Nur Auszubildende, die Mitglied in der Gewerkschaft sind.
b) Nur Auszubildende, die Mitglied des Betriebsrates sind.
c) Nur Auszubildende, die unter 25 Jahre alt sind.
d) Alle Auszubildenden unabhängig vom Alter.

Lösungen zu Fragenblock R

Frage 1: 1c, 2a

Frage 2: c

Frage 3: c

Frage 4: b

Frage 5: d

Frage 6: a

Frage 7: 1a, 2b, 3a, 4b, 5b

Frage 8: b

Frage 9: a

Frage 10: d

Frage 11: 1d, 2b, 3c, 4a

Frage 12: b

Frage 13: a, c

Frage 14: b

Frage 15: d

S. Mitbestimmung / Betriebsrat II

(Die Anzahl der richtigen Antworten ist bei den Fragen angegeben.)

Frage 1: Welche Vereinbarungen finden Sie im Manteltarifvertrag oder Gehaltstarifvertrag?

1. Dauer des Urlaubs	
2. Ausbildungsvergütung	a) Manteltarifvertrag
3. Lohnfortzahlung	
4. Höhe des Gehaltes der Mitarbeiter	b) Gehaltstarifvertrag
5. Vermögenswirksame Leistungen	

Frage 2: Welche Aussagen zur Gültigkeit eines Tarifvertrages treffen zu? (2 richtige Antworten)

a) Der Arbeitnehmer muss Mitglied einer Gewerkschaft sein.
b) Der Tarifvertrag kann vom zuständigen Ministerium für „Allgemeinverbindlich" erklärt werden. Er gilt dann für alle Arbeitnehmer einer Branche.
c) Tarifverträge können mündlich abgeschlossen werden.
d) Tarifverträge werden zwischen einem einzelnen Arbeitgeber und dem Betriebsrat abgeschlossen.

Frage 3: Die Tischlerei Hobel will eine neue Lernwerkstatt einrichten. Welche Rechte hat der Betriebsrat? (2 richtige Antworten)

a) Der Betriebsrat hat ein Mitbestimmungsrecht.
b) Der Betriebsrat hat ein Mitwirkungsrecht.
c) Der Betrieb muss Anregungen des Betriebsrates umsetzen.
d) Der Betrieb muss die Vorschläge des Betriebsrates nicht berücksichtigen.

Situation zu den Fragen 4 - 5
Bei der Metallbau AG soll ein neuer Ausbilder ernannt werden. Die Geschäftsführung benennt Marcus Heftig. Der Betriebsrat ist mit dieser Ernennung nicht einverstanden.

Frage 4: Wie ist die Rechtslage? (2 richtige Antworten)

a) Der Betriebsrat kann die Ernennung von Marcus Heftig nicht verhindern, da er nur ein Mitwirkungsrecht hat.
b) Der Betriebsrat kann der Ernennung von Marcus Heftig widersprechen.
c) Arbeitgeber und Arbeitnehmer sind verpflichtet, sich zu einigen.
d) Der Betriebsrat kann beim Arbeitsgericht beantragen, die Ernennung von Marcus Heftig zu unterlassen.

Frage 5: Welches Organ im Betrieb hat die Aufgabe, Meinungsverschiedenheiten zwischen Betriebsrat und Arbeitgeber zu schlichten? (1 richtige Antwort)

a) Schlichtungsstelle
b) Aufsichtsrat
c) Personalversammlung
d) Einigungsstelle

Situation zu den Fragen 6 - 7
Lukas Froh wurde in die Jugend- und Auszubildendenvertretung (JAV) gewählt. Er ist Auszubildender im dritten Lehrjahr der Mörtel Bau AG.

Frage 6: Welche Rechte hat die Jugend- und Auszubildendenvertretung bei Sitzungen des Betriebsrates? (1 richtige Antwort)

a) Es dürfen alle Mitglieder der JAV an Sitzungen des Betriebsrates teilnehmen.
b) Es darf ein Mitglied der JAV an Sitzungen des Betriebsrates teilnehmen. Dieses Mitglied hat volles Stimmrecht.
c) Zu Tagesordnungspunkten, welche Jugendliche und Auszubildende besonders oder überwiegend betreffen, kann die komplette JAV mit vollem Stimmrecht teilnehmen.
d) Zu Tagesordnungspunkten, welche Jugendliche und Auszubildende besonders oder überwiegend betreffen, kann die komplette JAV teilnehmen. Ein Stimmrecht hat nur der Vorsitzende der JAV.

Frage 7: Die Ausbildung von Lukas Froh endet demnächst. Welche Auswirkungen hat seine Mitgliedschaft in der JAV? (2 richtige Antworten)

a) Mitglieder der JAV genießen einen besonderen Kündigungsschutz.
b) Mitglieder der JAV sind unkündbar, damit sie unabhängig agieren können.
c) Der Arbeitgeber muss Lukas Froh drei Monate vor Beendigung des Berufsausbildungsverhältnisses schriftlich mitteilen, wenn er ihn nicht in ein Arbeitsverhältnis auf unbestimmte Zeit übernehmen will.
d) Der Arbeitgeber kann Lukas Froh nur befristet weiter beschäftigen.

Frage 8: Wer ist an der Aushandlung von Tarifverträgen oder Betriebsvereinbarung beteiligt?

1. Arbeitgeberverband	
2. Betriebsrat	a) Tarifvertrag
3. Gewerkschaft	b) Betriebsvereinbarung
4. Arbeitgeber	

Frage 9: Maren Fleissig ist durch die Prüfung zur Industriekauffrau gefallen. Sie fühlt sich ungerecht bewertet. Welche Möglichkeiten hat Maren? (1 richtige Antwort)

a) Sie muss innerhalb von 4 Wochen mündlich erklären, dass sie mit den Prüfungsergebnissen nicht einverstanden ist.
b) Maren muss schriftlich gegenüber der IHK Widerspruch gegen den Prüfungsbescheid einlegen. Dieses muss innerhalb von 4 Wochen nach Erhalt des Bescheides passieren.
c) Maren Fleissig muss zusammen mit dem Ausbildenden das Widerspruchsverfahren bei der IHK innerhalb von 6 Wochen einleiten.
d) Ein Widerspruch gegen die Prüfungsergebnisse kann nur direkt nach der Prüfung erfolgen.

Frage 10: Auch das Widerspruchsverfahren ist für Maren Fleissig (siehe Frage 9) nicht zufriedenstellen verlaufen. Welche Möglichkeiten bleiben ihr? (1 richtige Antwort)

a) Sie hat keine weiteren Möglichkeiten.
b) Sie kann Klage vor dem Amtsgericht erheben.
c) Sie kann Klage vor dem Arbeitsgericht erheben.
d) Sie kann Klage vor dem Verwaltungsgericht erheben.

Frage 11: Sonja Super hat die Prüfungen gut bestanden. Nach der mündlichen Prüfung wird ihr im Betrieb zu der guten Leistung gratuliert. Danach wird ihr durch den Chef Arbeit zugeteilt. Welche Aussage ist zutreffend?

1. Es ist ein unbefristetes Arbeitsverhältnis entstanden.	a) Zutreffend
2. Es ist ein befristetes Arbeitsverhältnis entstanden.	
3. Der Prüfungstag zählt bis 24.00 Uhr zum Ausbildungsverhältnis.	b) Nicht zutreffend
4. Sonja Super darf die Arbeit nicht ausführen, da keine vertragliche Grundlage besteht.	

Frage 12: Brian Kolbert zweifelt die Rechtmäßigkeit der Kündigung seines Ausbildungsvertrages als Kaufmann im Groß- und Außenhandel an. Welche Informationen sind richtig? (2 richtige Antworten)

a) Streitigkeiten über die Wirksamkeit einer Kündigung des Berufsausbildungsverhältnisses werden vor dem Schlichtungsausschuss der IHK verhandelt.
b) Die Frist für die Einschaltung des Schlichtungsausschusse beträgt 3 Wochen.
c) Der Schlichtungsausschuss kann nur vom Auszubildenden angerufen werden.
d) Die Verhandlung im Schlichtungsausschuss ist Prozessvoraussetzung für eine Klage vor dem Arbeitsgericht.

Frage 13: Eine Auszubildende möchte wissen, was der Begriff „Tarifautonomie“ bedeutet? (1 richtige Antwort)

a) Streit zwischen Arbeitgeber und Gewerkschaften.
b) Ein Tarifvertrag wird ohne Mitwirkung des Staates abgeschlossen.
c) Ein Tarifvertrag wird mit Mitwirkung des Staates abgeschlossen.
d) Ein Tarifvertrag ist für allgemeinverbindlich erklärt worden.

Frage 14: Welche Aussagen zu einer Betriebsvereinbarung sind richtig? (2 richtige Antworten)

a) Die Betriebsvereinbarung ist ein Vertrag zwischen dem Arbeitgeber und dem Betriebsrat in dem verbindliche Normen festgelegt werden.
b) Die Betriebsvereinbarung regelt die Gehaltsstruktur für alle Betriebe einer Branche.
c) Die Betriebsvereinbarung gilt in der Regel nur für den Betrieb, für den sie vereinbart worden ist.
d) Die Betriebsvereinbarung besagt, dass der Betriebsrat immer eingeschaltet werden muss.

Frage 15: Sonja Sommer wurde in den Betriebsrat gewählt. Ordnen Sie nachfolgende Aussagen entsprechend zu.

Aussagen	Antworten
1. Frau Sommer erhält einen Gehaltszuschlag wegen besonderer Belastungen. 2. Für Mitglieder des Betriebsrats gilt ein „besonderer Kündigungsschutz“. 3. Eine außerordentliche Kündigung von Frau Sommer aus „wichtigem Grund“ ist möglich. 4. Mit dem Ende der Amtszeit als Betriebsrat endet auch der „besondere Kündigungsschutz“. 5. Alle Betriebsratsmitglieder müssen Mitglied der entsprechenden Gewerkschaft sein.	a) Richtig b) Falsch

Lösungen zu Fragenblock S

Frage 1: 1a, 2b, 3a, 4b, 5a

Frage 2: a, b

Frage 3: b, d

Frage 4: b, d

Frage 5: d

Frage 6: c

Frage 7: a, c

Frage 8: 1a, 2b, 3a, 4b

Frage 9: b

Frage 10: d

Frage 11: 1a, 2b, 3b, 4b

Frage 12: a, d

Frage 13: b

Frage 14: a, c

Frage 15: 1b, 2a, 3a, 4b, 5b

T. Recht I

(Die Anzahl der richtigen Antworten ist bei den Fragen angegeben.)

Situation zu den Fragen 1 - 4
Selina Gomer ist Auszubildende im 2. Lehrjahr. Sie ist schwanger.

Frage 1: Muss sie dies ihrem Arbeitgeber mitteilen? (2 richtige Antworten)

a) Es besteht keine Pflicht von Selina Gomer, ihren Arbeitgeber zu informieren.
b) Da es sich um einen Ausbildungsplatz handelt, ist der Ausbildungsberater der zuständigen Stelle (z. B. Industrie- und Handelskammer) zu informieren.
c) Ist ein Betriebsarzt vorhanden, ist dieser zu informieren. Es besteht ärztliche Schweigepflicht.
d) Selina Gomer sollte dem Arbeitgeber die Schwangerschaft und den voraussichtlichen Zeitpunkt der Geburt mitteilen.

Frage 2: Selina möchte wissen, ob sie bis zur Entbindung arbeiten muss. Welche Informationen sind richtig? (2 richtige Antworten)

a) Sechs Wochen vor dem errechneten Entbindungstermin besteht ein relatives Beschäftigungsverbot.
b) Selina kann sich zur Arbeit ausdrücklich bereit erklären. Dann kann sie auch in der Zeit, in der ein relatives Beschäftigungsverbot gilt, arbeiten.
c) Selina Gomer darf die letzten 6 Wochen vor der Geburt auf keinen Fall arbeiten.
d) Die Entscheidung, ob Selina die letzten 6 Wochen vor der Geburt arbeiten muss, wird vom Arzt getroffen.

Frage 3: Wie lange nach einer „normalen" Entbindung besteht ein Beschäftigungsverbot? (1 richtige Antwort)

a) 4 Wochen b) 6 Wochen c) 8 Wochen d) 12 Wochen

Frage 4: Selina möchte wissen, ob sie sich auch ausdrücklich bereit erklären kann, nach der Entbindung früher wieder zu arbeiten? (1 richtige Antwort)

a) Nein, es besteht ein individuelles Beschäftigungsverbot.
b) Nein, es besteht ein absolutes Beschäftigungsverbot.
c) Nein, es besteht ein relatives Beschäftigungsverbot.
d) Ja, Sie kann sich bereit erklären. Diese Erklärung kann jederzeit von ihr widerrufen werden.

Frage 5: Michelle Bauer wird während der Probezeit in der Ausbildung gekündigt. Sie erklärt ihrem Arbeitgeber 10 Tage nach Erhalt der Kündigung, dass sie schwanger ist. Wie ist die Rechtslage? (1 richtige Antwort)

a) Die Kündigung ist gültig, da zum Zeitpunkt der Kündigung ihre Schwangerschaft dem Betrieb nicht bekannt war.
b) Die Kündigung ist gültig. Innerhalb der Probezeit kann ohne Angaben von Gründen gekündigt werden.
c) Die Kündigung ist gültig. Michelle muss gleich nach Kenntnis der Schwangerschaft den Betrieb darüber informieren (§ 17 Mutterschutzgesetz).
d) Die Kündigung ist unzulässig. Michelle hat ihren Arbeitgeber innerhalb von 14 Tagen nach Erhalt der Kündigung von der Schwangerschaft informiert (§ 17 Mutterschutzgesetz).

Frage 6: Bestimmen Sie, ob die folgenden Aussagen bei der Kündigung eines Ausbildungsverhältnisses <u>nach</u> der Probezeit zutreffen.

1. Die Kündigung kann schriftlich oder mündlich mit Zeugen erfolgen. 2. Bei der Kündigung sind die Kündigungsgründe anzugeben. 3. Die Kündigung ist unwirksam, wenn die ihr zugrunde liegenden Tatsachen dem zur Kündigung Berechtigten länger als zwei Wochen bekannt sind. 4. Ein Ausbildungsverhältnis kann nur aus einem wichtigen Grund mit einer Frist von 4 Wochen gekündigt werden. 5. Als Kündigungsgrund ist ein begründeter Verdacht bei Diebstahl ausreichend.	a) Zutreffend b) Nicht zutreffend

Frage 7: Der Ausbildende und die 19-jährige Auszubildende Lisa Hummer sind sich einig, die Ausbildung nicht weiterzuführen. Gibt es eine Möglichkeit, das Ausbildungsverhältnis einvernehmlich im 2. Lehrjahr zu beenden? (1 richtige Antwort)

a) Ja, das Ausbildungsverhältnis kann durch einen Aufhebungsvertrag aufgehoben werden.
b) Ja, die zuständige Stelle kann den Ausbildungsvertrag auflösen.
c) Nein, es muss eine Kündigung aus wichtigem Grund erfolgen.
d) Nein, es ist nur eine Kündigung wegen Wechsel des Ausbildungsplatzes möglich.

Situation zu den Fragen 8 - 9
Anna Rumen hat am 1. September ihre Ausbildung zur Bankkauffrau bei der Schönzins Bank AG begonnen.

Frage 8: Nach welcher Wartezeit wird der volle Urlaubsanspruch erworben? (1 richtige Antwort)

a) 1 Monat
b) 2 Monate
c) 3 Monate
d) 6 Monate

Frage 9: Anna ist am 3. November 17 Jahre alt geworden. Wie hoch ist ihr Urlaubsanspruch nach dem Jugendarbeitsschutzgesetz für das Jahr im Beginn ihrer Ausbildung (vom 01.09. bis 31.12.)? (1 richtige Antwort)

a) 8 Werktage
b) 9 Werktage
c) 10 Werktage
d) 11 Werktage

Frage 10: Der Auszubildende Lucas Picard ruft Sie aus dem Urlaub an. Er ist krank und liegt im Bett. Welche Auskünfte können Sie ihm geben? (2 richtige Antworten)

a) Wenn Lucas ein ärztliches Attest beibringt, werden die Krankheitstage auf den Jahresurlaub nicht angerechnet.
b) Eine Krankheit im Urlaub hat keinen Einfluss auf den Jahresurlaub. Lucas soll das Beste aus seinem Urlaub machen.
c) Hält sich Lucas bei Beginn der Arbeitsunfähigkeit im Ausland auf, so ist er verpflichtet, dem Arbeitgeber die Arbeitsunfähigkeit, deren voraussichtliche Dauer und die Adresse am Aufenthaltsort schnellstmöglichen mitzuteilen.
d) Die Tage der Krankheit führen zu einer sofortigen Verlängerung des Urlaubs.

Frage 11: Die 16-jähre Leonie Larson möchte den Begriff „Schichtzeit“ erklärt haben. (2 richtige Antworten)

a) Schichtzeit ist die tägliche Arbeitszeit ohne die Ruhepausen.
b) Schichtzeit ist die tägliche Arbeitszeit einschließlich der Ruhepausen.
c) Bei der Beschäftigung Jugendlicher darf die Schichtzeit 10 Stunden nicht überschreiten. Es gibt allerdings Ausnahmen z. B. im Baugewerbe und der Gastronomie.
d) Unter Schichtzeit versteht man die bezahlte Arbeitszeit.

Frage 12: Ordnen Sie die Textauszüge den entsprechenden Rechtsquellen zu.

Textauszug	Rechtsquelle
1. Die Arbeitnehmer müssen nach Beendigung der täglichen Arbeitszeit eine ununterbrochene Ruhezeit von mindestens 11 Stunden haben.	a) Mutterschutzgesetz - § 17 -
2. Die Kündigung gegenüber einer Frau während der Schwangerschaft und bis zum Ablauf von vier Monaten nach der Entbindung ist unzulässig.	b) Berufsbildungsgesetz - § 17 -
3. Ausbildende haben Auszubildenden eine angemessene Vergütung zu gewähren. Sie ist nach dem Lebensalter der Auszubildenden so zu bemessen, dass sie mit fortschreitender Berufsausbildung, mindestens jährlich, ansteigt.	c) Berufsbildungsgesetz - § 21 -
4. Berufsbildung im Sinne dieses Gesetzes ist die Berufsausbildungsvorbereitung, die Berufsausbildung, die berufliche Fortbildung und die berufliche Umschulung.	d) Arbeitszeitgesetz - § 5 -
5. Der Arbeitgeber hat den Jugendlichen für die Teilnahme am Berufsschulunterricht freizustellen.	e) Jugendarbeitsschutzgesetz - § 9 -
6. Bestehen Auszubildende die Abschlussprüfung nicht, so verlängert sich das Berufsausbildungsverhältnis auf ihr Verlangen bis zur nächstmöglichen Wiederholungsprüfung, höchstens um ein Jahr.	f) Berufsbildungsgesetz - § 1 -

Situation zu den Fragen 13 - 15
Sie erfahren, dass der 17-jährige Finn Neuber schon mehrfach den Besuch der Berufsschule versäumt hat. Ein ärztliches Attest oder eine Entschuldigung liegt der Berufsschule nicht vor.

Frage 13: Der Geschäftsführer möchte Finn kündigen. Nehmen Sie Stellung.
(1 richtige Antwort)

a) Die Kündigung sollte ausgesprochen werden, da Finn voraussichtlich auch durch die Prüfung fallen wird.
b) Für disziplinarische Maßnahmen ist die Berufsschule zuständig (Duales Ausbildungssystem).
c) Die Kündigung sollte ausgesprochen werden, um auch den anderen Auszubildenden die Konsequenzen vor Augen zu führen.
d) Vor der Kündigung sollte eine Abmahnung erfolgen.

Frage 14: Es kommt zu einer Abmahnung. Welches Recht hat der Betriebsrat in diesem Fall?
(1 richtige Antwort)

a) Der Betriebsrat hat ein Informationsrecht.
b) Der Betriebsrat hat ein Anhörungsrecht.
c) Der Betriebsrat braucht nicht eingeschaltet zu werden.
d) Die Abmahnung ist ohne Zustimmung des Betriebsrats unwirksam.

Frage 15: Welche Punkte sind bei der Abmahnung zu beachten?

1. Es genügt eine kurze Beschreibung des Sachverhalts, z. B. „Sie haben mehrfach die Berufsschule nicht besucht".	
2. Die verletzten Pflichten sind genau aufzuzählen, z. B. „ Sie haben gegen § 4 des Ausbildungsvertrages verstoßen, da Sie nicht regelmäßig am Berufsschulunterricht teilgenommen haben".	a) Zutreffend
3. Es sind arbeitsrechtliche Konsequenzen anzudrohen, z. B. „Wenn Sie weiterhin Ihre Pflicht zur Berufsschulteilnahme verletzen, müssen Sie mit einer Kündigung rechnen".	b) Nicht zutreffend
4. Die Abmahnung muss gegenüber Finns Eltern erfolgen, da Finn noch minderjährig ist.	

Lösungen zu Fragenblock T

Frage 1: a, d

Frage 2: a, b

Frage 3: c

Frage 4: b

Frage 5: d

Frage 6: 1b, 2a, 3a, 4b, 5b

Frage 7: a

Frage 8: d

Frage 9: b

Frage 10: a, c

Frage 11: b, c

Frage 12: 1d, 2a, 3b, 4f, 5e, 6c

Frage 13: d

Frage 14: c

Frage 15: 1b, 2a, 3a, 4a

U. Recht II

(Die Anzahl der richtigen Antworten ist bei den Fragen angegeben.)

Situation zu den Fragen 1 - 4

Finn Stübinger ist 17 Jahre alt und lernt Kaufmann im Einzelhandel bei der Toy Spielzeug GmbH. Johanna Kado ist 19 Jahre alt und befindet sich im dritten Lehrjahr der Ausbildung als Fachkraft für Lagerlogistik. Die wöchentliche Ausbildungszeit beträgt 40 Stunden.

Frage 1: Aufgrund des starken Geschäfts und des plötzlichen Ausfalls einer Verkäuferin soll Finn nicht am morgigen Berufsschultag teilnehmen, sondern arbeiten. Nehmen Sie dazu Stellung. (2 richtige Antworten)

a) Nach Rücksprache mit der Industrie- und Handelskammer als zuständige Stelle kann Finn im Betrieb arbeiten.
b) Da betriebliche Belange Vorrang haben, sollte Finn im Betrieb arbeiten. Er muss den versäumten Stoff nachholen.
c) Finn muss die Berufsschule besuchen, auch wenn im Ausbildungsbetrieb saisonbedingt viel zu tun sein sollte.
d) Es gibt die Möglichkeit, eine Freistellung von der Berufsschule zu beantragen. Die Entscheidung trifft die Berufsschule.

Frage 2: Finn hat 2 Tage in der Woche Berufsschule. Am Montag hat er 7 Stunden und am Mittwoch 5 Stunden Schule. Wie wird die Zeit in der Berufsschule auf die Arbeitszeit angerechnet? (2 richtige Antworten)

a) Der Berufsschultag am Montag wird mit 7 Stunden auf die Arbeitszeit angerechnet.
b) Der Berufsschultag am Montag wird mit 8 Stunden auf die Arbeitszeit angerechnet.
c) Der Berufsschultag am Mittwoch wird mit 5 Unterrichtsstunden zuzüglich der Pausen auf die Arbeitszeit angerechnet.
d) Der Berufsschultag am Mittwoch wird mit 8 Stunden angerechnet.

Frage 3: Johanna Kado hat in der kommenden Woche Blockunterricht von Montag bis Freitag. Montag, Dienstag, Mittwoch und Donnerstag hat sie jeweils 6 Stunden, am Freitag 4 Stunden. Wie ist die Rechtslage nach dem Berufsbildungsgesetz?

a) Der Blockunterricht in der Woche beträgt 28 Stunden an 5 Tagen. Er ist mit der durchschnittlichen wöchentlichen Arbeitszeit anzurechnen.
b) Eine Beschäftigung im Betrieb in der Berufsschulwoche ist nicht möglich.
c) Johanna Kado muss am Freitag nach dem Blockunterricht im Betrieb arbeiten.
d) Johanna Kado muss nach Rücksprache mit dem Betrieb die fehlenden 12 Stunden zur regelmäßigen Arbeitszeit von 40 Stunden / Woche im Betrieb arbeiten.

Frage 4: Welche Regelungen gelten für Johanna Kado nach dem Arbeitszeitgesetz, wenn keine anderen Regelungen (z. B. Ausbildungsvertrag, Tarifvertrag) greifen?

1. Die Arbeitszeit kann auf bis zu zehn Stunden verlängert werden, wenn innerhalb von sechs Kalendermonaten oder innerhalb von 24 Wochen im Durchschnitt acht Stunden werktäglich nicht überschritten werden. 2. Nach spätestens 4,5 Stunden muss eine Pause gewährt werden 3. Bei einer Arbeitszeit von mehr als sechs Stunden haben Volljährige Anspruch auf eine halbe Stunde Pause. 4. Eine Pause muss mindestens 10 Minuten betragen. 5. Die Arbeitnehmer müssen nach Beendigung der täglichen Arbeitszeit eine ununterbrochene Ruhezeit von mindestens elf Stunden haben.	a) Richtig b) Falsch

Frage 5: Welche Aussage zur Ausbildungsvergütung ist richtig? (1 richtige Antwort)

a) Die Höhe der Ausbildungsvergütung wird durch die für die Berufsausbildung zuständige Stelle (z. B. Handwerkskammer) festgelegt.
b) Die Vergütung für den laufenden Kalendermonat ist spätestens am dritten Arbeitstag des darauffolgenden Monats zu zahlen.
c) Eine über die vereinbarte regelmäßige tägliche Ausbildungszeit hinausgehende Beschäftigung ist besonders zu vergüten oder durch entsprechende Freizeit auszugleichen.
d) Fällt der Auszubildende durch die Abschlussprüfung, kann die Ausbildungsvergütung bis zur nächst möglichen Prüfung gekürzt werden.

Frage 6: Der 17-jährige Niklas Brandt hat in Kürze seine Abschlussprüfung zum Industriekaufmann. Er möchte wissen, ob er vor der Prüfung frei haben kann. Wie ist die gesetzliche Regelung nach dem Jugendarbeitsschutzgesetz? (2 richtige Antworten)

a) Der Arbeitgeber hat den Jugendlichen an dem Arbeitstag, welcher der schriftlichen Abschlussprüfung unmittelbar vorangeht, freizustellen.
b) Eine Freistellung unmittelbar vor der Prüfung ist nicht vorgesehen. Niklas kann Urlaub einreichen.
c) Die Zeiten der Prüfung einschließlich der Pausen werden auf die Arbeitszeit angerechnet.
d) Die Zeiten der Prüfung werden auf die Arbeitszeit angerechnet. Die Pausen nicht.

Frage 7: Welche Aussage zum Berufsbildungsgesetz (BBiG) ist richtig? (1 richtige Antwort)

a) Im Berufsbildungsgesetz wird der Stoffplan der Berufsschule zeitlich gegliedert.
b) Im Berufsbildungsgesetz sind alle Lehrgänge zur Fort- und Weiterbildung geregelt.
c) Das Berufsbildungsgesetz regelt die Arbeit von Jugendlichen in der Ausbildung.
d) Im Berufsbildungsgesetz ist die berufliche Ausbildung der Wirtschaft geregelt.

Frage 8: Ordnen Sie entsprechend der gerichtlichen Zuständigkeit zu.

1) Die Bundesagentur für Arbeit sperrt einem Arbeitslosen das Arbeitslosengeld. 2) Güteverhandlung vor dem Kündigungsschutzprozess 3) Streitigkeiten in Sachen des Kindergeld- und Erziehungsrechts 4) Angelegenheiten des Schwerbehindertenrechts 5) Gültigkeit von Tarifverträgen	a) Sozialgericht b) Arbeitsgericht

Situation zu den Fragen 9 - 11
Sina Sommer hat ihre Ausbildung gerade begonnen und hat Fragen an Sie.

Frage 9: Sie möchte wissen, wie sie sich bei Krankheit zu verhalten hat. (2 richtige Antworten)

a) Kann Sina nicht arbeiten, muss sie dies dem Arbeitgeber unverzüglich mitteilen.
b) Sina Sommer muss einen Arbeitsausfall dem Arbeitgeber innerhalb von 3 Tagen mitteilen.
c) Dauert die Arbeitsunfähigkeit länger als drei Kalendertage, hat der Arbeitnehmer eine ärztliche Bescheinigung über das Bestehen der Arbeitsunfähigkeit sowie deren voraussichtliche Dauer spätestens an dem darauffolgenden Arbeitstag vorzulegen.
d) Die Diagnose des Arztes ist dem Arbeitgeber unaufgefordert mit der Krankmeldung vorzulegen.

Frage 10: Wie lange zahlt der Betrieb den Lohn bei Krankheit weiter? (1 richtige Antwort)

a) 4 Wochen b) 6 Wochen c) 8 Wochen d) 3 Monate

Frage 11: Welches Gesetz regelt die Zahlung des Gehaltes im Krankheitsfall? (1 richtige Antwort)

a) Betriebsverfassungsgesetz
b) Berufsbildungsgesetz
c) Krankheitsfortzahlungsgesetz
d) Entgeltfortzahlungsgesetz

Frage 12: Daniel Nader verursacht schwer angetrunken nach einem Diskobesuch mit seinem Auto einen Verkehrsunfall und verletzt sich schwer. Als Folge ist er 10 Wochen arbeitsunfähig. Wie lange muss der Betrieb das Gehalt von Daniel während seiner Krankschreibung zahlen? (1 richtige Antwort)

a) Der Betrieb muss das Gehalt während der Arbeitsunfähigkeit nicht weiter zahlen.
b) Der Betrieb muss das Gehalt 10 Wochen weiter zahlen.
c) Der Betrieb muss das Gehalt 6 Wochen weiter zahlen.
d) Der Betrieb muss das Gehalt 3 Wochen weiter zahlen.

Frage 13: Ordnen Sie zu, welche Formulierungen in einem Ausbildungsvertrag zulässig oder nicht zulässig sind.

1. Die Dauer der Probezeit beträgt 1 Monat.	
2. Der Urlaubsanspruch beträgt 34 Werktage.	
3. Der Auszubildende verpflichtet sich, nach der Ausbildung 1 Jahr im Betrieb als Angestellter zu den tariflichen Bedingungen zu bleiben.	a) Zulässig
4. Vom Betrieb vorgeschriebene Zusatzkurse während der Berufsausbildung sind durch den Auszubildenden zu zahlen.	b) Nicht zulässig
5. Bei Kündigung des Ausbildungsvertrages durch den Auszubildenden sind 500,00 € Verwaltungsgebühren zu erstatten.	

Situation zu den Fragen 14 - 15

Auszug aus dem Arbeitszeitgesetz (ArbZG)

§ 4 Ruhepausen
Die Arbeit ist durch im Voraus feststehende Ruhepausen von mindestens 30 Minuten bei einer Arbeitszeit von mehr als sechs bis zu neun Stunden und 45 Minuten bei einer Arbeitszeit von mehr als neun Stunden insgesamt zu unterbrechen. Die Ruhepausen nach Satz 1 können in Zeitabschnitte von jeweils mindestens 15 Minuten aufgeteilt werden. Länger als sechs Stunden hintereinander dürfen Arbeitnehmer nicht ohne Ruhepause beschäftigt werden. …

Frage 14: Die 19-jährige Jette Bömer wird direkt nach der Ausbildung übernommen und arbeitet in Teilzeit 5 Stunden am Tag als Industriemechanikerin. Wie hoch ist ihr Pausenanspruch? (1 richtige Antwort)

a) Jette Bömer hat nach dem Arbeitszeitgesetz einen Anspruch von mindestens 30 Minuten.
b) Jette Bömer war am Anfang des Jahres noch in der Ausbildung. Entsprechend gilt das Jugendarbeitsschutzgesetz. Somit hat sie einen Anspruch auf 30 Minuten Pause.
c) Sie hat keinen Pausenanspruch nach dem Arbeitszeitgesetz. Der besteht erst ab einer Arbeitszeit von 6 Stunden.
d) Jette Bömer hat nach dem Arbeitszeitgesetz einen Anspruch von mindestens 45 Minuten.

Frage 15: Keno Knabel ist 20 Jahre alt und macht eine Ausbildung als KFZ-Mechatroniker. Er fängt um 7.30 Uhr an. Seine tägliche Arbeitszeit beträgt 8 Stunden. Wann muss er nach dem Arbeitszeitgesetz spätestens eine Pause machen und wie lang muss diese mindestens sein?

a) Er muss spätestens um 12.30 Uhr eine Pause machen.
b) Er muss spätestens um 13.30 Uhr eine Pause machen
c) Er muss spätestens um 14.30 Uhr eine Pause machen.
d) Diese Pause muss mindestens 15 Minuten betragen.

Lösungen zu Fragenblock U

Frage 1: c, d

Frage 2: b, c

Frage 3: a, b

Frage 4: 1a, 2b, 3a, 4b, 5a

Frage 5: c

Frage 6: a, c

Frage 7: d

Frage 8: 1a, 2b, 3a, 4a, 5b

Frage 9: a, c

Frage 10: b

Frage 11: d

Frage 12: a

Frage 13: 1a, 2a, 3b, 4b, 5b

Frage 14: c

Frage 15: b, d

II. Unterweisungsentwurf / Präsentation

A. Fachgerechtes Anreißen und Körnen

Unterweisung / Unterweisungsentwurf

Handelskammer: IHK Hannover

Prüfungsausschuss für AEVO / Unterweisungsprobe

Name: ....
Straße: ....
Wohnort: ....

Geburtstag: ....

Geburtsort: ....

Thema: Unterweisung zum Fachgerechten Anreißen und Körnen

Ausbildungsort: IHK Hannover bzw. Lehrwerkstatt ....

Ausbildungsberuf: Industriemechaniker

Hiermit bestätige ich, diese Unterweisung selbst erstellt zu haben.

Name: Ort:

Anreißen mit dem Anschlagwinkel und Reißnadel, Körnen der Linienschnittpunkte

Inhaltsverzeichnis

1. Didaktische Überlegung

1.1 Angaben zum Auszubildenden

Maik K. ist 17 Jahre alt, wohnt in ..... und befindet sich zurzeit im 1. Lehrjahr.
Durch das Berufsgrundschuljahr wurde ein reges Interesse an der Metalltechnik in ihm geweckt, sodass er sich entschloss, eine Ausbildung zum Industriemechaniker zu beginnen.
Ich bin mit unserem Auszubildenden sehr zufrieden.
Er ist ein recht aufgeweckter junger Mann mit einem guten Auffassungsvermögen.
Aufgrund seines Interesses an dem Beruf hat er eine hohe Eigenmotivation.
Die ihm vermittelten Kenntnisse im Betrieb - aber auch in der Schule - nimmt er dadurch schnell auf. Seine Ausbildung verläuft planmäßig nach dem Rahmenplan.

1.2 Ort, Zeit und Dauer der Unterweisung

Die Unterweisung findet in der IHK am Mittwoch, dem 09.03… um 8.45 Uhr statt.
Die Unterweisung dauert ca.15 - 20 Minuten.

1.3 Arbeitsmittel

Der Flachstahl liegt in der Werkstatt bereit.
Es werden noch benötigt:

- Messschieber
- Stahlmaßstab
- Reißnadel
- Anschlagwinkel
- Anreißkörner
- Schlosserhammer
- Werkstattfeile

Hinweise zur Arbeitssicherheit

- Er muss seine Arbeitskleidung und seine Sicherheitsschuhe tragen.
- Er muss eine Schutzbrille tragen.
- Überprüfen der zu verwendeten Werkzeuge und Materialien auf deren Zustand.

Körner

- Kopf des Körners von Öl und Schmutz sauber halten.
- Kopf des Körners darf keinen Bart haben.
- Beim Körnen auf die Körnerspitze schauen.

Hammer

- Keil muss fest am Stiel sitzen.
- Stiel darf nicht gesplittert sein.

Werkstück

- Muss entgratet sein.
- Muss weicher als die Körnerspitze sein.

2. Didaktische Analyse

2.1 Thema der Unterweisung

Das Thema der letzten Unterweisung bezog sich auf das Messen mit dem Messschieber.

Das Thema der heutigen Unterweisung bezieht sich auf das

- Fachgerechte Anreißen und Körnen eines Flachstahls nach Zeichnung

2.2 Formulierung des Lernzieles

2.2.1 Groblernziel

Der Auszubildende soll notwendige Fertigkeiten und Kenntnisse - Prüfen und Messen lt. Ausbildungsrahmenplan lt. § 11 Abs. 1 Nr. 8 - erlernen.

2.2.2 Feinlernziel

Bezugslinien, Bohrungsmitten und Umrisse von Werkstücken unter Berücksichtigung der Werkstoffeigenschaften und nach folgender Bearbeitung anreißen und körnen.
Das Feinlernziel ist erreicht, wenn der Auszubildende den Flachstahl sauber, ordentlich und fehlerfrei nach Zeichnung bearbeitet hat.

2.3 Formulierung der Lernzielbereiche

2.3.1 Kognitiver Lernbereich

Der Auszubildende soll die richtige Handhabung der Hilfsmittel beim Anreißen und Körnen erlernen und die Reihenfolge beachten.

2.3.2 Psychomotorischer Lernbereich

Das Werkstück wird auf Grate geprüft, die gegebenenfalls mit einer Feile entfernt werden. Ferner prüft er die Maße des Werkstückes mithilfe des Messschiebers, reißt nun als erstes die Bezugsebenen und Bezugslinien an, um dann alle anderen Maße von dort ausgehend anzureißen. Nun kann er alle geforderten Maße ankörnen und anschließend mit dem Messschieber überprüfen.

2.4 Umsetzung von Schlüsselqualifikationen

Er lernt:
- Sorgfalt
- Genauigkeit
- Konzentration

Diese Schlüsselqualifikationen sind von großer Bedeutung:

- Sie dienen dem Erlernen wechselnder Spezialwissen.
- Betreffen die allgemeine berufliche Leistungsfähigkeit.
- Stellen berufs- und funktionsübergreifende Qualifikationen dar, die für die Bewältigung zukünftiger Aufgaben von übergeordneter Bedeutung sind. Sie beinhalten zusätzliche, über die traditionellen Kenntnisse und Fertigkeiten hinausgehende Fähigkeiten.

3. Methodische Überlegung

3.1 Sozialform und Lehrverfahren

Sozialform

Es handelt sich um eine Einzelunterweisung, da ich die Unterweisung nur einem Auszubildenden vortrage.

Lehrverfahren

Die Art der Lehrverfahren werden das darbietende, entwickelnde und das aufgegebene Lehrverfahren sein.

3.2 Methodenwahl mit Begründung

Ich wende die Vier-Stufen-Methode an, weil der Auszubildende aktiv daran teilnehmen kann.
Der Auszubildende soll über die Vier-Stufen-Methode sein Lernziel erreichen.
Er soll durch Nachahmen des Ausbilders mögliche praktische Verfahrensweisen erkennen und anwenden können. Später soll er selbständig das Erlernte anwenden können.

4. Ablauf der Unterweisung

1. Stufe

Vorbereitung und Motivation

Ich habe das Werkstück schon bereitgelegt und zeige dem Auszubildenden Musterstücke als Beispiele.

Allgemeine Voraussetzungen

- Der Arbeitsplatz muss sauber und geordnet sein.
- Die erforderlichen Mittel müssen bereit liegen.
- Der Stoff muss von mir vorbereitet sein. Ich muss ihn gliedern, planen und einteilen.
- Durch ein lockeres Gespräch versuche ich Hemmungen zu nehmen.
- Abfragen von Vorkenntnissen.
- Um das Interesse zu wecken, werden das Thema und die Arbeitsmittel vorgestellt.

2. Stufe

Vormachen und erklären

- Langsam vormachen und dabei erklären.
- Der Auszubildende steht neben mir.
- Ich gebe ihm Gelegenheit, Fragen zu stellen.
- Ich wiederhole wichtige Punkte.

Arbeitsstufen	Was?
Ausführungsweisen	Wie?
Begründung	Warum?
Medien	
Methodische Hinweise	

Hinweise zur Bearbeitung

Zeichnung lesen, Entgraten und Maße kontrollieren

Mit der Feile das Werkstück, wenn nötig, entgraten und Rohmaße mit dem Messschieber kontrollieren, damit keine Verletzungen entstehen und ein genaues Arbeiten möglich ist.

Frage an den Auszubildenden, warum man das Werkstück vorher entgraten soll.

Bezugslinien anreißen

Eine stabile Lage des Werkstücks sicherstellen. Mit dem Stahlmaßstab den Anschlagwinkel auf die vorgegebenen Maße setzen und mit der Reißnadel die Maße anreißen.

Damit alle geforderten Maße angerissen werden können, werden ein Maßstab, ein Anschlagwinkel und eine Reißnadel benötigt.

Den Auszubildenden erklären lassen, weshalb das Werkstück beim Anreißen eine stabile Lage haben muss.

Maße anreißen

Stabile Lage des Werkstückes sicherstellen. Mit dem Maßstab und dem Anschlagwinkel auf die vorgegebenen Maße setzen und mit der Reißnadel die Maße anreißen.

Für das genaue Anreißen werden ein Stahlmaßstab, ein Anschlagwinkel und eine Reißnadel benötigt.

Der Auszubildende soll erklären, warum hier wieder die stabile Lage wichtig ist.

Körnen

Das Werkstück auf eine harte Unterlage legen. Mit dem Schlosserhammer und dem Körner das Werkstück an dem Mittelpunkt der angerissenen Maße körnen.

Damit alle Körnungen sicher gemacht werden können, werden ein Hammer, ein Körner und eine feste Unterlage benötigt.

Den Auszubildenden fragen, wie er sicherstellen kann, dass alle Körnungen sicher durchgeführt werden können.

Werkstück prüfen

Werkstück mithilfe des Messschiebers und der Zeichnung überprüfen, damit wir sicher sind, dass die durchgeführten Arbeiten mit der Zeichnung übereinstimmen.

Der Auszubildende soll selbständig seine Arbeit überprüfen, mithilfe des Messschiebers und der Zeichnung.

3. Stufe

Ausführungsversuche machen lassen

Der Auszubildende macht die Arbeit nach und wiederholt die einzelnen Schritte. Dabei erläutert er die einzelnen Arbeiten, die er verrichtet. Er erklärt, was er tut, wie und warum und wiederholt die wichtigsten Punkte.

Ich bleibe dabei, beobachte, helfe und ermutige.
Auf diese Weise kann ich dann sofort erkennen, ob der Auszubildende nur nachmacht oder ob er es wirklich verstanden hat.
Auf kleine Fehler mache ich erst danach aufmerksam, auf große Fehler sofort.
Ich lobe ihn, wenn er seine Arbeit gut macht.

4. Stufe

Üben und Festigen

Ich lasse ihm Zeit zum Üben und kontrolliere mit ihm öfter seine Arbeit.
Wenn er die Übung beherrscht, lobe ich ihn und weise auf die nächste Unterweisung hin.

Ein allmähliches Anpassen an die echten Arbeitsbedingungen, z. B. an die Arbeitsschnelligkeit, wird dadurch erreicht.

5. Lernerfolgskontrolle

- Optisch: Der Auszubildende prüft die Maße selbst nach (Selbstkontrolle).
- Mündlich: Ich frage nach, ob er die Unterweisung verstanden hat.
- Schriftlich: Stichpunktartig

B. Erstellung eines Formulars

Präsentation

im Rahmen der Ausbildereignungsprüfung (ADA)

Name des Ausbilders:	Peter Müller
Ausbildungsberuf:	Kaufmann / Kauffrau für Büromanagement
Ausbildungsjahr:	1. Ausbildungsjahr / 2. Ausbildungshalbjahr
Ausbildungsort:	Eigener Schulungsraum
Thema:	Erstellung eines Formulars

Das Thema „Formularerstellung“ ist lt. Verordnung über die vom 13. Februar 1991 in § 3 Nr. 4.1 d dem Punkt „Texte nach vorgegebenen Sachverhalten unter Nutzung von Nachschlagewerken formulieren sowie maschinell und formgerecht gestalten“ sowie § 3 Nr. 4.2 c dem Punkt „Fachliteratur, Dokumentationen und andere Hilfsmittel nutzen“ zuzuordnen.

Inhalt

1. Thema

Ein Formular erstellen im Rahmen der Qualitätssicherung unter Beachtung der DIN 5008 und DIN 676 sowie des Corporate Design der Firma ...

2. Lernziele

2.1 Richtlernziel

Aufgaben der Textverarbeitung
Aufgaben der Bürokommunikationstechnik

2.2 Groblernziel

Formularerstellung nach DIN 5008 und DIN 676

2.3 Feinlernziel

Die Ausbildende soll mit Hilfe von Fachliteratur die DIN 5008 und DIN 676 erarbeiten und anschließend ein Formular im Textverarbeitungsprogramm erstellen unter Beachtung des Corporate Design der Firma ...

3. Lernzielbereiche

Das Lernziel ist erreicht, wenn die Auszubildenden ein Formular nach den entsprechenden DIN Normen erstellen und die formale Gestaltung begründen können.

3.1 Kognitives Lernziel

Kognitiv = Wissensvermittlung. Nach der geplanten Ausbildungseinheit kennen die Auszubildenden die bei der formalen Gestaltung von Geschäftsbriefen zu beachtenden Regeln. Sie wissen, wo sie die entsprechenden Informationen erhalten und können sie anwenden.

3.2 Affektives Lernziel

Affektiv = Einstellung: Die Auszubildenden entwickeln die Bereitschaft zu selbständigem und genauem Arbeiten. Durch die Vorbereitung auf die eigenverantwortliche Übernahme einer Aufgabe sollen die Auszubildenden motiviert werden.

3.3 Psycho-motorischer Bereich

Der Umgang mit den Arbeitsmitteln und die Fingerfertigkeit sollen gefestigt werden.

4. Der/ Die Auszubildende

Die Auszubildenden haben nach ihrem Schulabschluss eine Ausbildung zum/zur Kaufmann / Kauffrau für Büromanagement begonnen. Alter und Schulabschluss der Auszubildenden sind noch nicht bekannt. Vorkenntnisse in der Textverarbeitung mit Word sind aus der schulischen Laufbahn vorhanden. Die Auszubildenden befinden sich im 1. Ausbildungsjahr.

5. Ausbildungsmittel

Zur Durchführung der Unterweisung werden folgende Hilfsmittel benötigt:

- Fachliteratur „Sicher in Büroberufen“, „Kundenorientiert korrespondieren“ und „Büro 2020“
- PC mit Textverarbeitungsprogramm Word und Internet

6. Motivation

Um die Auszubildenden zu motivieren, wird ihnen der Zusammenhang der Tätigkeit im Beruf, sowie die private Nutzbarkeit des Wissens anhand von Beispielen vermittelt. Das Erlernte kann im Verlauf der Ausbildung angewandt werden.

7. Durchführung

Phase	Dauer	Inhalt	Methode	Medien
1	10 min	- Vorstellung des Themas, der Zielsetzungen und Inhalte - Erwartungen an die Auszubildenden darstellen - Einordnung des Themas in das betriebliche Umfeld	Kurzvortrag	Flipchart
2	30 min	Selbständige Erarbeitung der Notwendigkeit der Qualitätssicherung nach DIN EN 9001 mit Bezug auf das Thema der Formulargestaltung Warum ist die Qualitätssicherung für die Firma ... so wichtig?	Gruppendiskussion, Lehrgespräch	Arbeitsblätter
3	50 min	Selbständige Erarbeitung der DIN 5008 und DIN 676 mit Hilfe der beigestellten Fachliteratur	Gruppenarbeit, Präsentation	Gem. Azubi-Auswahl
		15 min Pause		
3	60 min	Siehe Punkt 3 vor der Pause		
4	30 min	Entscheidungen treffen unter Beachtung des Corporate Design der Firma	Gruppendiskussion, Lehrgespräch	Arbeitsblätter
		15 min Pause		
5	90 min	Entwicklung eines Formulars am PC unter Berücksichtigung der erarbeiteten Kenntnisse	Gruppenarbeit	
		15 min Pause		
6	45 min	- Vorstellung des erarbeiteten Formulars mit Hinweisen auf die DIN 5008 und DIN 676 - Präsentation der Auszubildenden	Präsentation	Gem. Azubi-Auswahl
7	15 min	Lernerfolgskontrolle durch Fragestellungen		
8	15 min	Auswertung der Präsentation mit Ergebnissen und Bewertung	Kurzvortrag	
9	15 min	Abschluss mit mündlichem Feedback beiderseits		

Hiermit erkläre ich, dass ich die Präsentation selbständig und ohne fremde Hilfe erstellt habe.

----------------------------------- ------------------------------------

Ort, Datum Unterschrift Peter Müller

III. 40 Fragen nach der Unterweisung / Präsentation

1. **In welchen Fällen ist eine Unterweisung die geeignete Ausbildungsmethode?**

   Immer wenn es in der Ausbildung beim Lehren und Lernen um **praxisorientierte, psychomotorische Zielsetzungen** (handeln und tun) geht, ist die Unterweisung eine brauchbare Ausbildungsmethode.
   Da die 2. Stufe der Unterweisung Elemente eines Lehrgespräches enthält, können auch praxisorientierte **kognitive Zielsetzungen** (Wissen zum praktischen Tun) mit einer Unterweisung erreicht werden.

2. **Aufgrund welcher Unterlagen / Vorgaben planen Sie eine Unterweisung?**

   Zur Planung von Ausbildungsaktivitäten dienen folgende Vorgaben:

   Ausbildungsordnung (Ausbildungsrahmenplan; Sachliche und zeitliche Gliederung der Ausbildung) des jeweiligen Ausbildungsberufes
   Rahmenlehrplan; Lehrplan der Berufsschule

   Die betriebliche Ausbildung zeigt sich in folgenden Plänen:

   Betrieblicher Ausbildungsplan; Ausbildungsgang
   Versetzungsplan; individueller Ausbildungsplan
   Interner Unterrichtsplan; Unterweisungsplan

3. **Beschreiben Sie eine Ausgangssituation für eine Unterweisung**

   Die Ausgangssituation charakterisiert den **Ausbildungsstand** und damit die zu erwartenden Vorkenntnisse und notwendigen weiteren Ausbildungsmaßnahmen, z. B.

   Ich bin als Ausbilder in einem Automobil-Industrie-Unternehmen zuständig für die Ausbildung des 20-jährigen Auszubildenden „Name Azubi“, der seit 8 Monaten zum Industrieelektroniker (Fachrichtung Automatisierungstechnik) ausgebildet wird. Herr Azubi ist ein aufgeschlossener, interessierter und zuverlässiger Auszubildender. Er besitzt eine hohe Auffassungsfähigkeit und kann das Erlernte mit großem handwerklichen Geschick bei seinen Arbeiten umsetzen.

   Unsere Unterweisungen finden jeden Mittwoch um 9 Uhr statt. Bei unserer letzten Unterweisung wurden Herrn Azubi die nötigen Kenntnisse zur Verlegung und Abisolierung des Kabelmantels eines Polymerfaser-Kabels vermittelt.
   Im Zusammenhang mit unserer heutigen Unterweisung „F-SMA-Stecker konfektionieren und polieren“ kann er sein Wissen und seine Fähigkeit in Zukunft selbständig und eigenverantwortlich beim Vorbereiten und Verlegen eines LWL–Kabels bei unseren Umbauten anwenden.

   Der Azubi und ich stehen in einem guten freundschaftlichen Verhältnis zueinander und sprechen uns mit den Vornamen an.

4. In welcher Weise gliedern Sie eine Unterweisung nach der 4-Stufen-Methode?

Eine Unterweisung nach der 4-Stufen-Methode ist wie folgt gegliedert:

1. Stufe: Heranführen des/der Auszubildenden an die Aufgabe
2. Stufe: Vorführen der Aufgabe durch den Ausbilder/die Ausbilderin
3. Stufe: Nachvollzug durch den Auszubildenden/die Auszubildende
4. Stufe: Abschluss, Erfolgskontrolle

5. Welche Grundsätze beachten Sie bei der inhaltlichen Gliederung einer Unterweisung?

Die Beachtung nachstehender **pädagogischer Grundsätze** in der Ausbildung unterstützt die Wirksamkeit von Lernen und Behalten:

Vom Einfachen **zum** Schwierigen
Von der Gesamtheit **zur** Einzelheit
Vom Allgemeinen **zum** Speziellen
Vom Naheliegenden **zum** Entfernten

6. Welche Hilfsmittel können Sie bei einer Unterweisung verwenden?

Arbeitsmittel / Unterweisungsmittel, z. B. Vordrucke, Formblätter, Werkzeug, Vorrichtungen, Rechner, Schreibzeug, Verbrauchsmaterial
Arbeitshilfen / Unterweisungshilfen, z. B. Nachschlagewerke, Lexika, Tabellen, Listen, Vorlagen, Prüfstücke
Lernmittel zur Weitergabe an den Azubi, z. B. Merkblätter, Musterstücke, Zeichnungen, Bilder, Fachbuch, Lernprogramm

7. Worauf achten Sie bei der Vorbereitung des Unterweisungsplatzes?

Zur **Planung und Vorbereitung** einer Unterweisung gehört auch die zweckmäßige Einrichtung des Unterweisungsplatzes. Auf Folgendes sollte dabei geachtet werden:

- Übersichtliche **Arbeitsfläche**
- **Unterweisungsmittel** und Arbeitshilfen geordnet aufstellen.
- **Sicht**verhältnisse auf den/die Azubi ausrichten - Linkshänder / Rechtshänder beachten.
- Maßnahmen zur **Arbeitssicherheit** erläutern und einhalten.

8. **Wie können Sie bei einer Unterweisung Befangenheit abbauen?**

Um dem Azubi „Aufnehmen-Lernen-Behalten" der Unterweisungsinhalte zu erleichtern und die Unterweisungsziele sicherer zu erreichen, muss die Unterweisung entsprechend gestartet werden:

Mit **informellen** persönlichen Worten begrüßen.
Persönlichen Kontakt aufbauen durch formloses, individuelles Gespräch zu allgemeinen Dingen.
Hinführen: Feststellen, dass bisher alles planmäßig verlaufen ist.
Ermutigen: Angst vor Versagen nehmen „Sie schaffen das. Sie haben in den letzten Wochen gezeigt, dass Sie das können".
Gelockerte Atmosphäre schaffen.

9. **Wie können Sie Azubi ermutigen und Angst vor Versagen abbauen?**

Lernmotivation ermöglicht leichteres Lernen - Angst hemmt das Lernverhalten - deshalb:

Anknüpfen an **positive Erfahrungen.**
Durch Lernziele **Erfolgsaussicht** bekräftigen.
Jeden Lernfortschritt **anerkennen.**
Hilfestellung anbieten.
Fehler als **nützliche Erfahrungen** akzeptieren.
Sicherheitsmaßnahmen vorstellen.

10. **Weshalb ist es sinnvoll, Vorkenntnisse festzustellen und daran anzuknüpfen?**

Alle Ausbildungsaktivitäten müssen jeweils auf die aktuelle Ausbildungssituation und die persönlichen Konstellationen abgestimmt sein:

Zu jeder Unterweisung gibt es fachliche und fachübergreifende **Voraussetzungen**.
Ziele können nur in der geplanten **Zeit** erreicht werden, wenn die Voraussetzungen stimmen.
Azubis können neue Ausbildungsinhalte nur dann dauerhaft in **Zusammenhänge** einordnen, wenn entsprechende Grundlagen / Vorkenntnisse vorhanden sind.
Der Azubi erkennt, dass das bisherige Lernen nicht umsonst war - **das motiviert** zum Weitermachen.

11. **Was bedeutet Motivation?**

Motivation ist sowohl ein Zustand (motiviert sein - ein Motiv haben) als auch ein dynamischer Prozess (jemanden motivieren). Es geht um Motive, die zu bestimmten Verhaltensweisen führen und dadurch "Ausgeglichenheit", d. h. Zufriedenheit, erzeugen. Dadurch können z. B. Lernen und Handeln positiv oder negativ beeinflusst werden.

12. Wodurch / auf welche Weise können Sie bei einer Unterweisung motivieren?

Motivierend wirken z. B.

Erfolgserlebnisse, Anerkennung, Belohnung bzw. die Aussicht darauf, aber auch Interesse und Neugierde oder der Wunsch, jemandem eine Freude zu bereiten.
Die Einbeziehung in qualifizierte **Sonderaufgaben** (z. B. Vorbereitung einer Präsentation) ist ein brauchbares Hilfsmittel. Art und Dauer der Aufgabenstellung müssen natürlich dem jeweiligen Ausbildungsstand angepasst sein.
Lob und die Vermeidung von Tadel.

13. Wozu braucht man Lernziele bei einer Unterweisung?

Ausbildungs-Lernziele geben an, in welcher Ausprägung (Tiefgang) die Ausbildungsinhalte eines Berufes zu vermitteln sind:

Lernziele ermöglichen die Auswahl geeigneter **Methoden und Medien**.
Lernziele bestimmen die Feinstruktur der Unterweisung, d. h. **Lernabschnitte** und Merkpunkte.
Lernziele beschreiben, was der Azubi nach der Unterweisung kann - die **Ergebniskontrollen** erfordern dazu möglichst „operationale“ Lernziele.
Lernziele **signalisieren den Erfolg** und wirken so motivierend.
Durch Lernziele lassen sich Inhalte auf **unterschiedliche Bereiche** spezifizieren.

14. Welche Bestandteile gehören zu einem operationalen Lernziel?

Feinziele zeigen das erwünschte Endverhalten nach einer Ausbildungsmaßnahme bzw. einem Ausbildungsabschnitt. Sie nennen dazu neben dem **Lerngegenstand** (Fachthema, Lernobjekt) auch **Prüfungsbedingungen** (Antwortumfang, Zeitrahmen, Qualität, Hilfsmittel, Rahmenbedingungen) sowie den **Beurteilungsmaßstab** (Bewertungsnormen als Noten bzw. Punkte).
Operationale Lernziele sind eine spezielle Form von Feinzielen. Dabei wird auf die eindeutige, beobachtbare Beschreibung des erwarteten Lernergebnisses durch Aktionsverben besonderer Wert gelegt.

15. Wodurch können Sie Lernen und Behalten fördern?

Verstehen und Behalten sind in starkem Maße von einer lerntechnisch zweckmäßigen **Stoffgliederung** abhängig. Die Ergebnisse sind tendenziell umso besser, je sachlogischer der Aufbau und je überschaubarer die einzelnen Lerneinheiten sind.
Der **Umfang** der einzelnen Lernportionen muss dabei der jeweiligen "Kapazität" der Lernenden entsprechen, die sich weder unterfordert noch überfordert fühlen sollen.
Passende **Methoden und Medien** erleichtern Aufnehmen / Verstehen / Behalten von Lerninhalten.
Häufiges **Wiederholen und Üben** sichert den Lernvorgang ab.

16. Wie kann man eine Unterweisung didaktisch sinnvoll gliedern?

Untersuchungen haben ergeben, dass es sowohl eine Hierarchie der Lernarten als auch eine **Stufung des einzelnen Lernvorgangs** (Lernprozess) gibt. Berücksichtigt man diesbezügliche Erkenntnisse, so kann man tendenziell gute Ergebnisse erwarten. Man kann mehrere Stufenmodelle unterscheiden, z. B. die **4-Stufen-Methode**:

1. Stufe: Heranführen des/der Auszubildenden an die Aufgabe.
2. Stufe: Vorführen der Aufgabe durch den Ausbilder/die Ausbilderin.
3. Stufe: Nachvollzug durch den Auszubildenden / die Auszubildende.
4. Stufe: Abschluss, Erfolgskontrolle

17. Welche Unterweisungsmittel / Medien kann man einsetzen?

Arbeitsmittel / Unterweisungsmittel, z. B. Vordrucke, Formblätter, Werkzeug, Vorrichtungen, Rechner, Schreibzeug, Verbrauchsmaterial.
Arbeitshilfen / Unterweisungshilfen, z. B. Nachschlagewerke, Lexika, Tabellen, Listen, Vorlagen, Prüfstücke.
Lernmittel zur Weitergabe an den Azubi, z. B. Merkblätter, Musterstücke, Zeichnungen, Bilder, Fachbuch, Lernprogramm.

18. Welchen Zweck haben Unterweisungsmittel / Medien?

Unterricht ist durch die Sprache geprägt und muss durch Medien angereichert werden. Die **Unterweisung** lebt vom Tun, das sprachlich erklärt wird.

Die **Unterweisungsmittel** sind zur Realisierung der jeweiligen Unterweisungsaufgabe nötig, z. B. Arbeitsunterlagen, Papiere, Gerätschaften, Werkzeuge, Vorrichtungen, Materialien. **Medien** sollen den Lehr- und Lernvorgang erleichtern und unterstützen. **Vorsicht:** Der Einsatz von z. B. Overhead-Projektor, Flipcharts und Tafeln birgt die Gefahr, vom eigentlichen Unterweisen in ein reines Lehrgespräch oder gar ins Vortragen "abzugleiten".

19. Nennen Sie Qualitätskriterien / Beurteilungskriterien für eine Unterweisung?

Zu Beginn der Unterweisung sagen, worin die Qualität des angestrebten Unterweisungsergebnisses besteht; z. B.

- Alles fehlerfrei ...
- Maximale Abweichung ...
- OK, wenn folgende Bedingung erfüllt ist ...
- Zeitrahmen einhalten ...
- Materialverbrauch wie geplant ...
- Wie vorgegebenes Muster ...

20. Was sind Qualifikationen / Schlüsselqualifikationen?

Schlüsselqualifikationen sind überfachliche Qualifikationen, die zum Handeln befähigen sollen. Innerhalb der Personalwirtschaft sind diese neben der Fachkompetenz der zweite zentrale Bereich der Personalentwicklung. Sie sind daher *kein Fachwissen*, sondern ermöglichen den kompetenten Umgang *mit* fachlichem Wissen.

21. Welche Schlüsselqualifikationen können Sie bei einer Unterweisung fördern?

Methodische Kompetenzen: ***Arbeitstechniken***, Präsentationstechniken, Moderation, ***Problemlösen***, Kreativitätstechniken, ***Zeitmanagement*** ...
Kommunikativ-soziale Kompetenzen: Teamfähigkeit, Projektmanagement, Sensitivität, Überzeugungsfähigkeit, Durchsetzungsfähigkeit ...
Persönliche Kompetenzen: Selbstmanagement, Eigeninitiative, ***Zielorientierung***, Entscheidungsfähigkeit, Selbstsicherheit, ***Stressbewältigung***.

22. Wozu dient die 3. Stufe der Unterweisung?

3. Stufe: Nachvollzug durch den Auszubildenden / die Auszubildende.

Nachmachen lassen und dadurch Transfer und Lerneffekt bewirken.
Feststellen, wie gut durch Sehen und Hören aufgenommen, verarbeitet und in eigenes Handeln umgesetzt wurde.
Durch **kontinuierliches Fragen** aktivieren, Impulse geben, Verständnis fördern, Handlungen lenken.
Bei Unsicherheiten / Schwierigkeiten / Gefahren unverzüglich **Hilfe anbieten.**

23. Wie können Sie bei einer Unterweisung (Lern-)Hilfen geben?

Lernhilfen sollen beitragen, Unsicherheiten und Schwierigkeiten zu überbrücken, dauerhafte Fehler zu vermeiden und Gefahren abzuwenden.

Hilfen und Korrekturen grundsätzlich nur indirekt - nicht spontan eingreifen.
Erinnern: Wie haben Sie das gerade richtig gemacht?
Hinweis geben: Schauen Sie doch noch mal auf die Zeichnung ...
Fragen: Weshalb nehmen Sie jetzt dieses Werkzeug?
Unterstützen: Probieren Sie es doch mal mit etwas ...

24. Welche Funktionen haben Fragen bei einer Unterweisung?

Um die Aufmerksamkeit des Azubis zu erhalten und festzustellen.

25. Womit können Sie eine Unterweisung steuern?

Grundsätzlich gibt es drei Möglichkeiten um den Unterweisungsverlauf zu steuern:

Anweisungen: Bitte tun Sie jetzt folgendes ...
Fragende Impulse: Welches Teil muss jetzt angefügt werden?
Zwangsläufigkeit: Nächste Position auf einem Formular bzw. der technisch bedingte Arbeitsfortschritt

26. Was sollen Lob / Tadel bei einer Unterweisung bewirken?

Nach der Lerntheorie (operantes Konditionieren, nach Burrhus Frederic Skinner) wird das zu lernende Verhalten durch eine Verhaltensweise ("operation") ausgelöst. Eine anschließende Verstärkung ("Reinforcement") durch Lob bewirkt, dass jenes Verhalten künftig schneller / besser ausgeführt wird (Bekräftigungslernen; Lernen am Erfolg).
Lob wirkt motivierend und damit lernfördernd - meist möchte man Tadel vermeiden.

27. Wie / wann können Sie den Unterweisungserfolg feststellen?

Als Unterweisungserfolg gilt das jeweilige Erreichen der vorgesehenen Zielsetzung.

Beobachten: Der Azubi führt die vom Unterweisenden in der 2. Stufe gezeigten Handlungen in der 3. Stufe richtig aus.
Kontrollfragen: Der Azubi beantwortet während der 3. Stufe die vom Unterweisenden gestellten Fragen.
Zusammenfassung: Der Azubi wird in der 4. Stufe veranlasst, die Unterweisung mit eigenen Worten zusammenzufassen.
Tun: Der Azubi wird in der 4. Stufe veranlasst, den Gesamtvorgang selbständig auszuführen.

28. Wie können Sie die Ergebnisse einer Unterweisung längerfristig sichern bzw. verbessern?

Lernen kann insbesondere durch Verknüpfung von Hören + Sehen + Tun in der Ausbildung verbessert werden, z. B.

Zuschauen und Zuhören in der 2. Stufe der Unterweisung
Unmittelbar **nach Vollzug** in der 3. Stufe der Unterweisung
Zusammenfassung in der 4. Stufe der Unterweisung
Abschluss der Unterweisung: Aufforderung zur anschließenden **Übung in der Praxis** erhöht die Geläufigkeit und stärkt das Behalten.

29. Was steht in einem Berichtsheft und wozu dient es?

Die Berichtsheftführung ist in der jeweiligen Ausbildungsordnung geregelt.

Vorgeschriebene Berichtshefte sind meist in Form von **Ausbildungsnachweisen / Tätigkeitsnachweisen** zu führen (Durchführungskontrolle).
Weiterreichende Berichte (**Fachberichte**) sind empfehlenswert und können zusätzlich vereinbart werden.
Das **Berichtsheft** dient als Nachweis einer vollständig und systematisch durchgeführten Ausbildung. Seine ordnungsgemäße Führung ist Voraussetzung für die **Zulassung zur Abschlussprüfung**.
Es muss zur mündlichen / praktischen Prüfung vorgelegt werden.

30. Mit welchen Methoden / Medien erreichen Sie maximalen Ausbildungserfolg?

Die **Methodik** beschäftigt sich mit der Vorgehensweise beim Lehren, den Verfahren und **Medien** - M&M unterstützen Aufnahme / Verarbeitung / Verständnis / Behalten / Wiedergabe von Ausbildungs- / Schulungsinhalten.

Die Auswahl von M&M ist von den angestrebten **Lernzielen**, vom jeweiligen **Adressatenkreis** und den betrieblichen **Gegebenheiten** abhängig.
Aktivierende M&M bevorzugen. Mehrere Sinne der Lernenden ansprechen: Hören und Sehen; Fühlen und Riechen; insbesondere aktives Tun (Handeln) ... z. B. Unterweisung, Leittexte, Gruppenarbeiten, Rollenspiel.

31. Welche Erfolgskontrollen in der Ausbildung gibt es?

Grundsätzlich unterscheidet man zwischen **Durchführungskontrolle** (Verlaufskontrolle) und **Erfolgskontrolle** (Lernzielkontrolle).

Arten:

Zeitraum bezogen als Beurteilung
Zeitpunktbezogen als Prüfung

Formen:

Schriftlich (Klausurarbeit, Test ...), **mündlich** (Befragung, Abteilungsgespräch ...), **praktisch** (Kolloquium, Arbeitsaufgabe ...)
Selbstkontrolle (Ausarbeitungen, Projektarbeit ...), **Fremdkontrolle** (Schulaufgabe, Zwischenprüfung)

32. Formulieren Sie eine sog. Tatsachenfrage zum Thema Beurteilen und Bewerten?

Fragen haben im Ausbildungsgeschehen unterschiedliche **Funktionen**, z. B. die Feststellung vorhandenen Wissens (Wissensfrage, Sachfrage, Tatsachenfrage) z. B.

Wozu dient eine Beurteilung?
Welche Verfahren kann man zur Leistungsbewertung anwenden?
Welchen Anforderungen müssen Erfolgskontrollen genügen?
Welche Konflikte können durch Beurteilungen entstehen?

33. Welche Probleme / Schwierigkeiten können bei einer Unterweisung auftreten?

Problem bezeichnet man eine unbefriedigende Ist-Situation, in der bestimmte Zielsetzungen noch nicht erreicht sind, die aber mit einer gewissen Systematik zielgerecht in einen befriedigenden Sollzustand verändert werden kann.
Als **Schwierigkeit** bezeichnet man die jeweilige individuelle Sichtweise dazu.

Beispiele aus einer Unterweisung:

Die Zeit wird knapp.
Das Unterweisungsgerät wird defekt.
Der Azubi kann Kontrollfragen nicht beantworten.
Im Raum ist es sehr laut.
Ein Fremder erscheint im Raum.
Der Prüfungsausschuss stellt Zwischenfragen.

34. Was können Sie tun, um Störungen bei einer Unterweisung vorzubeugen?

Grundsätzlich gibt es zwei Möglichkeiten, um mit Störungen fertig zu werden:

- Unterweisung vorausschauend sorgfältig planen und dabei ggf. „Sollbruchstellen“ und „Puffer“ einbauen.
- Sich vorher auch mit Störungsmanagement („Ersatzlösungen“) beschäftigen, um bei einem auftretenden Problem nicht kopflos / nervös zu werden.

35. Wodurch können Sie Lerneffekte in der Ausbildung verbessern?

Lernen ist ein dynamischer Vorgang (Prozess), der durch Auseinandersetzung mit sich und seinem Umfeld eine nachhaltige **Verhaltensänderung** bewirkt. Je nach Lernsituation unterschiedlicher **Lernbereiche** (z. B. kognitiv / "Kopf", affektiv / "Herz", psychomotorisch / "Hand") und **Lernarten** (z. B. produktiv-schöpferisch und reproduktiv-nachbildend); dazu ...

- ein individuell als angenehm empfundenes Umfeld schaffen.
- Motivation und gezieltes Lob.
- möglichst viele Sinne ansprechen und die Lernenden aktivieren.
- anschaulich, schrittweise vorgehen.
- Gelegenheit zu Wiederholungen und Übung bieten.

36. Welche weiteren Methoden - außer Unterweisung und Präsentation - gibt es?

Zusätzlich zu **Unterweisung** und **Präsentation** kann man ggf. folgende Methoden einsetzen:

- Demonstration
- Diskussionen
- Einzelarbeit, Gruppenarbeiten
- Fallstudie, Fallmethode
- Lehrgespräch
- Leittextmethode, Lerntexte
- Planspiele
- Projekte
- Referat, Vortrag
- Rollenspiele
- Etc.

37. Was regelt eine Ausbildungsordnung?

Drei Konzeptionen > Ausbildungsberufe ohne Spezialisierungen > Ausbildungsberufe mit Spezialisierungen in Form von Fachrichtungen oder Schwerpunkten; > Mehrere Ausbildungsberufe mit Ausbildungsabschlüssen im Rahmen einer Stufenausbildung.

Inhalte:

Bezeichnung des Ausbildungsberufes
Ausbildungsdauer
Ausbildungsberufsbild (Fertigkeiten und Kenntnisse, die Gegenstand der Berufsausbildung sind)
Ausbildungsrahmenplan (Anleitung zur sachlichen und zeitlichen Gliederung der Fertigkeiten und Kenntnisse)
Prüfungsanforderungen

38. Was tun Sie, bevor Sie eine Unterweisung beginnen?

Vor einer Unterweisung sind einige **Planungen und vorbereitende Maßnahmen** zu treffen:

Abstimmung / Kontrolle von Ausbildungsplanung und Ausbildungsdurchführung
Zielgruppe, Unterweisungsthema, Zielsetzungen festlegen
Unterweisungsplan aufstellen und Azubi informieren
Unterweisungsentwurf für jede Unterweisung systematisch und pädagogisch sinnvoll ausarbeiten
Unterweisungsplatz einrichten und erforderliche Unterweisungsmittel geordnet bereitlegen

39. Was ist Feedback und wozu kann es dienen?

Wörtlich: **Feedback = Rückmeldung**; und zwar im Zusammenhang mit unterschiedlichen Situationen (Gespräche, Diskussionen, Unterricht, Beurteilung, Prüfung ...)
Kann als **Führungsmittel** dienen.
Man kann dadurch jeweils die Basis schaffen für weitere Maßnahmen.
Wichtig beim Lernen (z. B. durch Konditionieren; Trial and Error) „Lob“ und „Tadel“ bzw. „falsch“ oder richtig“

40. Wie können Sie den Auszubildenden Feedback geben?

Eine **Rückmeldung (Feedback)** kann persönlich oder durch das jeweilige (technische) System erfolgen:

- **Verbal**; in mehr oder weniger ausführlichen Worten
- **Nonverbal**; durch unmissverständliche Gesten und Handlungen
- Im Rahmen von **Ausbildungsgesprächen**, Beurteilungsgesprächen, **Schulungsmaßnahmen**, Online- / Offline-Programmen.
- Als Reaktion auf Fragen / ausgeführte Anweisungen in Lehrgesprächen, bei (programmierten) Unterweisungen oder in mündlich-praktischen Prüfung.

Ein Wort zum Schluss

Glückwunsch, Sie haben vielleicht schon den einen oder anderen Aufgabenblock bearbeitet.

Ziel dieses Buches ist es, eine gute Prüfungsvorbereitung zu einem günstigen Preis zu entwickeln.

Wenn Ihnen unser Buch weitergeholfen hat, dann empfehlen Sie es bitte weiter, gerne auch in Form einer positiven Rezension bei Amazon. Wenn nicht, sagen Sie es nur mir ☺.

Viel Erfolg weiterhin für Ihre Prüfungsvorbereitung!

Claus G. Ehlert
Autor

Top-Aevo.de . E-mail: info@top-pruefung.de

✂ ✂ ✂ ✂ ✂ **Lösungsblatt / Vordruck** ✂ ✂ ✂ ✂ ✂

Hier können Sie die Lösungen zu den Aufgaben eintragen:

(Download unter www.top-aevo.de/vordruck-1.pdf)

Test:	Test:	Test:	Test:	Test:
1.	1.	1.	1.	1.
2.	2.	2.	2.	2.
3.	3.	3.	3.	3.
4.	4.	4.	4.	4.
5.	5.	5.	5.	5.
6.	6.	6.	6.	6.
7.	7.	7.	7.	7.
8.	8.	8.	8.	8.
9.	9.	9.	9.	9.
10.	10.	10.	10.	10.
11.	11.	11.	11.	11.
12.	12.	12.	12.	12.
13.	13.	13.	13.	13.
14.	14.	14.	14.	14.
15.	15.	15.	15.	15.